Zeit für PICKNICK

Julia Heim | Veronika Studer

Zeit für PICKNICK

Die schönsten Ideen und Rezepte zum Schlemmen im Freien

ulmer

Julia Heim ist freischaffende Journalistin und leidenschaftliche Köchin. Besonders glücklich ist sie, wenn sich das eine mit dem anderen verbinden lässt. Deshalb betreute sie als Onlinechefin des Schweizer Magazins «Annabelle» unter anderem eine erfolgreiche Gourmetrubrik. Sie kreiert unkomplizierte und von ihrer österreichischen und amerikanischen Heimat geprägte Gerichte, die sich überall genießen lassen – am liebsten an Orten, die inspirieren.

Veronika Studer ist Foodfotografin und Stylistin. Sie liebt es, in der Küche Neues auszuprobieren und ihre Kreationen mit der Kamera festzuhalten. Dabei lässt sie ihrer Begeisterung für schöne Gerichte freien Lauf und steckt in Kursen über Foodstyling Interessierte damit an. Ihre Ideen, die sie in Rezepten und Beiträgen festhält, werden in zahlreichen Zeitschriften publiziert. Veronika Studer arbeitet zudem für verschiedene Medien und Verlage als Fotografin.

Inhalt

Herbstgetranke

Herzhafte Winterrezepte

Süße Winterrezepte

Wintergetranke

Kreative Ideen

Vorwort

Das gemeinsame Essen hat in unserer Familie schon immer eine zentrale Rolle gespielt. In meiner Kindheit war es die Verbindung zur Heimat; eine Komponente, die uns bei all unseren Umzügen von den USA bis nach Deutschland ein Stück Identität vermittelte. Mit Eltern, die aus dem kulinarisch verwöhnten Österreich stammen, war die Kost meist deftiger Seelenwärmer. Über die Jahre hat der Einfluss unterschiedlicher Länder und Regionen, in denen wir gelebt und gegessen haben, mein kulinarisches Repertoire erweitert. Denn in jedem Land lernt man die Kultur auch über den Kochtopf kennen.

Wichtigste Akteurin war dabei immer meine Mutter. Sie ist eine grandiose Köchin. Eine, die mir gezeigt hat, wie man Strudelteig zieht oder Gulasch ansetzt. Ich kann nicht zählen, wie häufig ich sie anrufe und sie mir dann erklärt, wie ich ein kulinarisches Problem am besten löse. Wenn ich sie besuche, bringt sie mir stets ein neues Küchenhandwerk bei. Ein großer Schatz, den ich sorgsam hüte. Doch nicht nur meine Mutter ist ein leidenschaftliches Talent in der Küche. Auch mein Vater, meine Schwester, meine Tante oder mein Mann überraschen mich immer wieder mit neuen Ideen und hervorragenden Rezepten.

Was ich seit meiner Kindheit besonders liebe, sind Traditionen und Feierlichkeiten, die viele unterschiedliche Köstlichkeiten auf dem Tisch vereinen. Familie und Freunde wissen: An Thanksgiving stehe ich den ganzen Tag in der Küche, um zwischen zehn und zwölf Gerichte rechtzeitig fertigzustellen. Da können schon mal gut und gern 25 Personen am Tisch sitzen. In einer Zürcher Stadtwohnung logistisch nicht immer einfach.

Dass ich nun ein Picknickbuch veröffentliche, hat sicher mit ebendieser Liebe zum Kombinieren unterschiedlicher Aromen zu tun. Süßes und Salziges, Saures und Scharfes – all das möchte ich schmecken. Ein weiterer Grund ist die Geselligkeit. Ich esse überall, ob in der Küche, am Schreibtisch oder an der frischen Luft. Ich bin unkompliziert. Das Wichtigste: dass Menschen dabei sind, mit denen ich gerne esse. Am liebsten die, für die ich gerne koche. Denn das ist es, was uns bei einem Picknick so sehr berührt.

Ein Picknick heißt: Platz nehmen, sich Zeit schenken und diese ganz bewusst mit denen teilen, die uns lachen lassen.

Kürzlich wurde ich gefragt, ob ich kritisch sei, wenn es um die Kochkünste anderer gehe. Schließlich verbringe ich den Großteil meiner Freizeit am Herd. Kritisch bin ich nie, sofern es Produkte und Zubereitungsmethoden sind, die meiner Küchenethik entsprechen. Ich weiß, wie viel schiefgehen kann, wenn der Tag einfach nicht so will wie man selbst. Vor Snobismus in der Küche graust es mir. Ich habe einen Gaumen, der so viel Unterschiedliches testen und entdecken will, dass ich es kaum erwarten kann, auf den Picknickdecken anderer zu sitzen und mich durchzuprobieren – durch all das Salzige, all das Süße und vor allem all das liebevoll Zubereitete, das dort auf mich wartet.

Übrigens: Mit diesem Buch begleiten Sie mich nicht nur durch ein Jahr Picknickabenteuer, sondern auch durch meine Schwangerschaft. Wenn Sie also bemerken sollten, dass ich bis zum Winterkapitel etwas mehr auf den Rippen habe, dann waren das nicht nur die geliebten Kuchen und Pies, von denen ich für dieses Buch – natürlich ganz selbstlos – viele ausprobiert, gebacken und gegessen habe.

Woher kommt das Picknick?

Kaum eine Art des Essens transportiert das Gefühl von Freiheit und Rebellion besser als ein Picknick. Denn auf dem Boden zu sitzen und mit den Fingern zu essen, ermöglicht eine neue Perspektive. Wer sich auf einer Picknickdecke niederlässt, ist in den seltensten Fällen allein. Man ist bereit, Speisen und Getränke miteinander zu teilen, hat womöglich selbst etwas mitgebracht. Der Begriff «Picknick» leitet sich vom französischen Wort «pique-nique» (aufpicken) ab, was im ursprünglichen Sinne des 17. Jahrhunderts bedeutete, dass jeder Gast etwas beisteuert. Damals war damit aber nicht zwingend das Essen an der frischen Luft, sondern vielmehr im Salon eines herrschaftlichen Hauses gemeint. Erst Anfang des 19. Jahrhunderts änderte sich dies. Das Picknick auf saftigen Wiesen hatte sich etabliert.

Charlotte Trümpler, Kuratorin der Ausstellung Picknick-Zeit (2017) im Museum Angewandte Kunst in Frankfurt, beschreibt im gleichnamigen Ausstellungskatalog diese und viele weitere spannende Fakten rund um die Geschichte und die Rituale der Picknickkultur. Ein Werk, das sich so umfassend mit der Thematik befasst wie kaum ein anderes zuvor. So zeichnen die rund 380 Seiten ein Bild unterschiedlichster Picknickeigenheiten weltweit. Doch wer hat das gesellige Essen erfunden? Schließlich aß man bereits in der Antike im Freien. Eindeutig lässt sich dies kaum beantworten. Sicher ist laut Trümpler jedoch, dass die Menschen im Frankreich des 18. und 19. Jahrhunderts zunehmend die Möglichkeit hatten, mit Freunden und Familie die Natur zu besuchen, um dort zu verweilen, auch wenn das zu dieser Zeit vor allem dem Adel und der gehobenen Gesellschaftsschicht vorbehalten war. Königinnen und Könige nutzten das Picknick im Grünen, um den Verpflichtungen und Traditionen am Hof für einen kurzen Moment zu entfliehen. Und das nicht nur in Frankreich. Ein Name, der in diesem Zusammenhang immer wieder fällt, ist der von Queen Victoria (1819 bis 1901). Während ihrer Regentschaft gewann das Picknick in England an Popularität und mauserte sich so zu einem exklusiven Anlass – häufig in Kombination mit einer sportlichen Veranstaltung, die der «besseren» Gesellschaft Tür und Tor öffnete. Champagner, Sandwiches und Scones: In den Körben picknickwilliger Gäste befanden sich nur die edelsten Köstlichkeiten.

Überhaupt wissen die Engländer bis heute genau, wie ein Picknickkorb auszusehen hat; schließlich haben sie ihn im 19. Jahrhundert erfunden. Bezeichnend für die zum Teil schweren und nicht besonders handlichen Stücke war und ist die hochwertige

Ausstattung – von Porzellan über Glas bis zu edlem Besteck. Die bekanntesten Körbe stammten aus dem Traditionshaus Fortnum & Mason. Auch heute noch steht das Unternehmen für gehobene Picknickkultur.

Und auch in der Gegenwart ist den Briten das Picknick wichtig. Ein ausgedehntes Essen im Schatten eines Baumes ist und bleibt eine beliebte Freizeitaktivität als Kontrast zum sonst so hektischen Alltag. Sicherlich auch, weil das britische Wetter nicht gerade durch Beständigkeit glänzt. So nutzt ein jeder die Gunst der Stunde, wenn die Sonne sich heraustraut und die Flora ins beste Licht rückt. Das Besondere: Das englische Picknick lebt vom Grundsatz, dass das Auge ebenso verwöhnt werden soll wie der Gaumen. Gerade deshalb hat Einweggeschirr hier keine Chance. Und das ist es, was wir uns von den Briten abschauen können. Das Picknick darf, ja soll zelebriert werden. Denn Picknick ist eben nicht nur Freiheit und Rebellion, sondern auch Liebe zum Detail – und Zeit. Unendlich viel Zeit.

Eine kleine Typologie

City-Picknick

Ob Dachterrasse mit Blick über die Stadt oder kleiner Balkon im Innenhof, ob Parkbank oder öffentlicher Kulturraum: Ein urbanes Picknick ist Gemütlichkeit mitten im Trubel. Die schönste Tageszeit dafür ist der frühe Abend, wenn die Sonne tief steht und honiggelb zwischen den Baumkronen hervorblitzt. Dann braucht es nur ein paar Minuten des Durchatmens und einen Drink in der Hand – schon nehmen wir uns eine Auszeit vom Alltag.
Tipp: Flaschenöffner und Pullover nicht vergessen. Wenn es kühler wird, möchten Sie weder auf Wein noch auf Wärme verzichten müssen.

Boho-Dinner-Picknick

Mein absolutes Lieblingspicknick ist ein opulentes Abendessen auf dem Boden. Holzkisten und Picknickkörbe werden zu kleinen Tischen umfunktioniert, alte Teppiche, weiche Kissen und Decken sorgen für den nötigen Komfort. Lampions, Kerzen, Stoffservietten – hier verdient alles Liebe und Zeit. Zeit für die Auswahl des richtigen Picknickortes, die Dekoration und das Beisammensein. Denn ein solches Outdoor-Dinner in Boho-Manier kann gut und gern mehrere Stunden dauern.
Tipp: Zelebrieren Sie dieses Picknick in einem privaten Garten, sonst wird es zum logistischen Desaster.

Wasser-Picknick

Nicht nur im Seenland Schweiz gehört das Picknick mit Blick aufs Wasser einfach dazu. Idyllische Plätze wie beispielsweise direkt an einem See lassen sich in allen Regionen des Landes finden. Und wer nicht nur am, sondern auch auf dem Wasser essen möchte, macht es sich auf einem Boot bequem. Ob Paddelboot, Fischkutter oder Segelyacht – hier gilt: Verzichten Sie auf Glas und nehmen Sie Schwimmwesten für schlechte Schwimmer mit.
Tipp: Setzen Sie lieber auf unkompliziertes Fingerfood.

Landleben-Picknick

Ein Picknick auf dem Land begeistert kleine und große Gäste. Der Tag wird draußen verbracht – Outdoorspiele und Lagerfeuer (sofern erlaubt!) inklusive. Dabei ist gute Planung das A und O, schließlich lässt sich nicht mal eben etwas Vergessenes von zu Hause holen. Hier gilt: Ist erst einmal angerichtet, steht so schnell keiner mehr auf. Deshalb abwechslungsreiche Speisen und Getränke einpacken. Praktisch für den Transport sind beispielsweise ausgediente Konfitürengläser für Dips, Keksdosen für Sandwiches oder große Einmachgläser für Salate. Eine Kühlbox mit Akku beschert lange Freude an kalten Getränken.

Tipp: Vergessen Sie neben Verbandsmaterial den Sonnen- und Insektenschutz nicht. Und natürlich einen Abfallsack, denn auf Wiesen, Feldern und in Wäldern gibt es meist keine Mülleimer.

Kinder-Picknick

Kinder lieben Farbe, kreative Spiele und Elemente wie Pompons und Ballons. Das Essen sollte schnell und unkompliziert in kleine Hände passen. Ein Picknick mit Messer und Gabel bestreiten – wo bleibt denn da der Spaß? Prüfen Sie, ob Gefahrenquellen wie Wasser oder tiefe Schluchten in der Nähe des Picknickplatzes liegen. Ganz besonders dann, wenn Sie auf mehrere Kinder gleichzeitig aufpassen.

Tipp: Kindern wird selbst beim leckersten Picknick irgendwann langweilig. Bälle, Badmintonschläger und Co. sorgen für Unterhaltung.

Picknick-Checkliste

Mit der praktischen Checkliste geht nichts vergessen – damit das kulinarische Vergnügen im Freien auch garantiert zum Genuss wird.

- [ ] Gerichte und Getränke

Grundstock

- [ ] Picknickkorb
- [ ] Picknickdecke
- [ ] Kühlbox mit Akkus
- [ ] Tabletts als Serviertischchen
- [ ] Salz und Pfeffer

Utensilien

- [ ] scharfe Messer oder Taschenmesser
- [ ] Schneidebrett
- [ ] Flaschenöffner
- [ ] nachhaltiges Geschirr (zum Beispiel aus Porzellan, Glas oder Bambus)
- [ ] Besteck
- [ ] Abfallsack
- [ ] Servietten oder Küchenpapier
- [ ] Streichhölzer
- [ ] Zahnstocher
- [ ] Taschenlampe

Transport

- [ ] Gläser mit Schraubverschluss in verschiedenen Größen
- [ ] verschließbare Glasflaschen
- [ ] Thermoskanne
- [ ] Rucksack

Dekoration und Unterhaltung

- [ ] Kissen
- [ ] Decken
- [ ] Kerzen
- [ ] Outdoorspiele
- [ ] Lesestoff
- [ ] Bluetooth-Lautsprecher

Pflege

- [ ] Pflaster / Verbandsmaterial
- [ ] Taschentücher
- [ ] Insektenschutz
- [ ] Sonnenschutz
- [ ] Handdesinfektionsmittel
- [ ] Zeckenschutzmittel (z. B. Zeckenkarte)

Herzhafte Frühlingsrezepte

Kräuterpesto mit Frischkäse

Ergibt circa 450 g Aufstrich

40 g frisches Basilikum
60 g frische glatte Petersilie
5 g frischer Schnittlauch
1 Knoblauchzehe, geschält
200 g Frischkäse
80 g Parmesan
80 g Pekannüsse
4 EL Olivenöl

Salz und Pfeffer

Alle Zutaten bis und mit Olivenöl in einem Standmixer zu Pesto verarbeiten.

Mit Salz und Pfeffer kräftig abschmecken. Das Pesto in ein vorbereitetes Schraubglas füllen und beim Picknick als Brotaufstrich servieren.

Hummus

Ergibt circa 650 g Hummus

2 Dosen Kichererbsen, abgetropft
2 Knoblauchzehen, geschält
2 EL Tahin (Sesampaste)
8 EL Olivenöl
1 rote Chilischote, entkernt
4 EL Wasser
1 Prise Harissa
1 Prise Koriandersamen, gemahlen
2 Prisen Meersalz
½ TL Pfeffer

Alle Zutaten in einem Standmixer zu einer cremigen Masse verarbeiten. Den Hummus in ein vorbereitetes Schraubglas füllen und beim Picknick als Brotaufstrich servieren.

Hefeschnecken mit Tomatenfüllung

Für circa 10 Personen

Teig

500 g Mehl
42 g frische Hefe
2 EL Zucker
250 ml Milch, lauwarm

40 g Butter
2 Eier
1 TL Salz

Füllung

1 Glas getrocknete Tomaten, Öl abgeschüttet und aufgefangen
4 EL des Tomatenöls
1 Knoblauchzehe, geschält
100 g Mandeln, gerieben
1 TL Zucker
Salz und Pfeffer
Eigelb zum Bestreichen

Für den Teig das Mehl in eine Schüssel geben. In der Mitte eine Mulde formen. Hefe in kleinen Stücken zugeben und mit 1 EL Zucker bestreuen. ⅓ der Milch mit der Hefe in der Mehlmulde anrühren und an einem warmen Ort zugedeckt circa 15 Minuten ruhen lassen.

Butter, Eier, restlicher Zucker und Salz mit der übrigen Milch verquirlen und mit dem Vorteig mischen. Alles zu einem glatten Hefeteig verarbeiten. Zugedeckt an einem warmen Ort eine Stunde ruhen lassen. Der Teig sollte sein Volumen verdoppeln.

Für die Füllung die Zutaten bis und mit Zucker in einem Stabmixer pürieren. Mit Salz und Pfeffer kräftig abschmecken.

Den Teig auf einer bemehlten Fläche ausrollen. Die Tomatenpaste darauf verteilen. Den Teig aufrollen. Mit einem scharfen Messer in 4–5 cm breite Rollen schneiden. Diese in einer gefetteten Backform oder auf einem Backblech mit etwa 2 cm Abstand anordnen. Zugedeckt 15 Minuten an einem warmen Ort aufgehen lassen. Unterdessen den Ofen auf 180 Grad (Umluft) vorheizen. Die Tomatenschnecken mit Eigelb bestreichen und circa 20 Minuten backen. Herausnehmen und abkühlen.

Minipizzen mit Zucchini und Feta

Für 6 Personen

Hefeteig gemäß Rezept oben zubereiten. Achtung: Für die Minipizzen wird nur die halbe Menge Teig benötigt.

Für das Topping den Knoblauch in die Crème fraîche rühren und mit Salz und Pfeffer kräftig abschmecken.

Den Ofen auf 170 Grad (Umluft) vorheizen. Den Hefeteig nach dem Ruhen auf einer bemehlten Fläche dünn ausrollen und mit einer runden Keksform Teiglinge ausstechen. Diese auf ein mit Backpapier belegtes Blech legen, mit der Crème-fraîche-Mischung großzügig bestreichen und mit Zucchini und Feta belegen. Die Minipizzen für circa 15 Minuten in den Ofen schieben, bis Teig und Feta Farbe angenommen haben. Herausnehmen und abkühlen.

Teig

250 g Mehl
20 g frische Hefe
1 EL Zucker
125 ml Milch, lauwarm

20 g Butter
1 Ei
½ TL Salz

Topping

1 Knoblauchzehe, geschält und gepresst
200 g Crème fraîche
Salz und Pfeffer

1 Zucchini, in Scheiben geschnitten
200 g Feta, gewürfelt

Spargelquiche

Für 6 Personen

Quicheform Durchmesser circa 28 cm

Für den Teig Mehl, Salz und die Butterstücke mit den Fingern verreiben. Ein Ei dazuschlagen und gründlich zu einem Teig verkneten. In Frischhaltefolie wickeln und eine Stunde im Kühlschrank ruhen lassen.

Den Ofen auf 180 Grad (Umluft) vorheizen. Den Teig aus dem Kühlschrank nehmen und mit wenig Mehl auf Backpapier zu einem circa 5 mm dünnen Teig rund ausrollen. Den Teig mit dem Papier in eine Quicheform legen und überstehende Reste abschneiden. Den Boden mehrmals mit der Gabel einstechen. Backpapier auf den Teig legen und Hülsenfrüchte darauf verteilen. In der Mitte des Ofens 15 Minuten blind backen. Hülsenfrüchte entfernen und weitere 5 Minuten backen. Herausnehmen und abkühlen.

In der Zwischenzeit die Spargelstangen in Salzwasser mit 1 EL Zucker kochen, sodass sie sich über eine Gabel biegen lassen. Circa 6 Spargelstangen beiseitelegen. Den Rest in mundgerechte Stücke schneiden.

Sahne, Eier, Knoblauch und Käse miteinander verrühren und Salz und Pfeffer dazugeben. Die Spargelstücke auf dem vorgebackenen Teig verteilen und den Guss einfüllen. Die Spargelstangen längs halbieren und darauf platzieren und die Form für 35 Minuten in die Ofenmitte schieben. Wenn die Quiche goldgelb ist, herausnehmen und abkühlen.

Die Spargeln können auch mit 400 g gemischtem Gemüse (Zucchini, Paprika etc.) ersetzt werden.

Teig

225 g Mehl

1 TL Salz

150 g Butter, kalt und in Stücke geschnitten

1 Ei

Hülsenfrüchte zum Blindbacken

400 g grüner Spargel, von den holzigen Enden befreit

1 EL Zucker

Guss

250 ml Sahne

4 Eier

1 Knoblauchzehe, geschält und gepresst

80 g Parmesan, gerieben

½ TL Salz

½ TL Pfeffer

Bohnensalat mit Chimichurri-Dressing

Für 4 Personen

200 g rote Paprika, entkernt und gewürfelt

280 g Mais (Dose), abgetropft

150 g rote Bohnen (Dose), abgetropft

150 g weiße Bohnen (Dose), abgetropft

1 Frühlingszwiebel, in Ringe geschnitten

etwas frischer Koriander

Dressing

1 Bund glatte Petersilie (ca. 30 g)

1 Knoblauchzehe, geschält

1 rote Chilischote, entkernt

½ Limette, Saft

4 EL Olivenöl

1 EL Kräuteressig

1 EL Sojasauce

1 TL Honig

Salz und Pfeffer

Das Gemüse mischen und in ein großes Einmachglas füllen. Korianderblätter zupfen und dazugeben.

Die übrigen Zutaten bis und mit Honig in einen Standmixer geben und kurz mixen. Mit Salz und Pfeffer abschmecken. Das Dressing in ein Schraubglas füllen und separat zum Picknick mitnehmen, sodass sich jeder Gast selbst bedienen kann.

Roter Couscoussalat

Für 4-6 Personen

Den Couscous in der Bouillon aufkochen, von der Platte nehmen und circa 5 Minuten ziehen lassen. Öl dazugeben und den Couscous mit der Gabel auflockern. Tomatenpüree unter den Couscous rühren, bis er rot eingefärbt ist.

Paprika, Tomaten, Frühlingszwiebeln, Knoblauch, Chilischote und Petersilie unterrühren. Zitronensaft, Agavendicksaft und Olivenöl mischen und zur Masse geben. Mit Salz und Pfeffer kräftig abschmecken.

300 g Couscous

300 ml Bouillon

2 EL Olivenöl

4 EL Tomatenpüree

1 rote Paprika, entkernt und gewürfelt

400 g Cherrytomaten, halbiert

1 Frühlingszwiebel

3 Knoblauchzehen, geschält und gepresst

1 rote Chilischote, entkernt und gehackt

1 Bund glatte Petersilie gehackt

½ Zitrone, Saft

1 EL Agavendicksaft

4–5 EL Olivenöl

Salz und Pfeffer

Pastasalat mit Pesto und Speck

Für 4-6 Personen

350 g Pasta (z. B. Orchiette)

Pesto

1 Glas eingelegtes Grillgemüse oder getrocknete Tomaten, Öl abgeschüttet und aufgefangen

1 Bund Basilikum

50 g Parmesan

4 EL Oliven- oder Tomatenöl

100 g Speck, gewürfelt

etwas Basilikum

Salz und Pfeffer

Die Pasta im Salzwasser al dente kochen, abschütten und beiseitestellen.

Für das Pesto alle übrigen Zutaten bis und mit Oliven- bzw. Tomatenöl zu Pesto verarbeiten.

Speck in einer Pfanne anbraten und zusammen mit dem Pesto unter den Salat mischen. Ein paar Basilikumblätter daruntermischen. Mit Salz und Pfeffer abschmecken.

Gemüsesalat mit Mayonnaise

Für 4 Personen

100 g festkochende Kartoffeln, geschält und gewürfelt
200 g Karotten, geschält und gewürfelt
200 g gefrorene Erbsen, kurz blanchiert und abgeschreckt
1 rote Paprika, entkernt und gewürfelt
4 Eier hartgekocht, geschält und gehackt
1 Schalotte, geschält und gehackt

Dressing

5 EL Mayonnaise
1 EL Crème fraîche
2 Essiggurken, gewürfelt
2 EL Essigwasser
Salz und Pfeffer

Die Kartoffelwürfelchen in Salzwasser kochen, bis sie weich sind. Abschütten und abkühlen. Die Zutaten bis und mit Schalotte mischen.

Die Zutaten für das Dressing verrühren und mit Salz und Pfeffer abschmecken. Das Dressing über das Gemüse geben. Alles gut mischen und vor dem Verzehr 1 Stunde ziehen lassen.

Caesar Wraps

Ergibt 8 Stück

Tortillas

400 g Weizenmehl

300 ml Wasser

2 EL Olivenöl

1 TL Salz

Dressing

6 eingelegte Sardellenfilets

2 Knoblauchzehen, geschält und gepresst

2 frische Eigelbe

100 ml Sonnenblumenöl

100 ml Olivenöl

100 g Parmesan

1 kleine Zitrone, Saft

Salz und Pfeffer

Füllung

700 – 800 g geschnetzeltes Hühnchenfleisch

Öl zum Braten

200 g Eisbergsalat, in grobe Stücke geschnitten

½ Salatgurke, halbiert, entkernt und in Stifte geschnitten

glatte Petersilie, nach Belieben

Für die Wraps die Zutaten bis und mit Salz mischen und zu einem geschmeidigen Teig kneten, für rund 20 Minuten kaltstellen. Den Teig in 8 Portionen teilen, zu Kugeln formen und auf einer bemehlten Fläche hauchdünn ausrollen. Dazu immer wieder mit Mehl bestäuben, damit der Teig nicht klebt. Die Fladen in einer beschichteten Pfanne bei hoher Hitze auf jeder Seite rund 1 Minute backen, bis der Teig etwas Farbe annimmt. Die gebackenen Fladen in ein Küchentuch einwickeln, damit sie warm und elastisch bleiben.

Sardellenfilets, Knoblauch und Eigelb mit einem Stabmixer verarbeiten. Nach und nach das Öl dazugeben. Zuletzt Parmesan und Zitronensaft dazugeben und zu einer sämigen Sauce pürieren. Mit Salz und Pfeffer abschmecken.

Das Hühnchen in wenig Öl braten und mit Salz und Pfeffer nach Belieben würzen.

Die Tortillas mit dem Dressing bestreichen, Salat, Gurke, Petersilie und Hühnchen darauf platzieren und vorsichtig zu einem Wrap rollen. In Backpapier einwickeln und mit einer Küchenschnur fixieren. Das übrige Dressing in einem Schraubglas mitnehmen und die Wraps nach Bedarf damit beträufeln.

VALDO

Süße Frühlingsrezepte

Energy Balls

Ergibt circa 20 Stück

200 g Dörrpflaumen
200 g Datteln
200 g Haselnüsse, geröstet
1 EL ungesüßtes Kakaopulver

100 g geriebene Haselnüsse
1 TL Zimt

Die Zutaten bis und mit Kakaopulver in einen Standmixer füllen und auf hoher Stufe mixen. Aus der Masse von Hand 20–22 Kugeln formen.

Die geriebenen Haselnüsse in einer Pfanne leicht rösten. Zimt untermischen und die Kugeln darin wenden. Bis zum Picknick kaltstellen.

Erdbeertiramisu

Für 4 Personen

400 g Erdbeeren
250 g Mascarpone
100 ml Sahne
2 EL Vanillezucker
ca. 100 g Löffelbiskuits
etwas Zucker, nach Bedarf

300 g Erdbeeren mit einem Stabmixer pürieren. Mascarpone, Sahne und Vanillezucker dazugeben und gut verrühren. Wenn die Creme noch nicht süß genug ist, nach Belieben Zucker dazugeben. Achtung: Auch die Löffelbiskuits sind gezuckert und geben später zusätzliche Süße.

Die restlichen Erdbeeren in Scheiben schneiden. Löffelbiskuits halbieren und den Boden von 4 Einmachgläsern (330 ml) damit auskleiden. Erdbeercreme, Erdbeeren und Löffelbiskuit schichten, bis das Glas voll ist. Gläser verschließen und kaltstellen.

Mini-Crumble-Cake mit Pfirsichen

Für 4 Personen / Springform Durchmesser 15 cm

160 g Mehl
80 g Zucker
80 g Butter
⅓ TL Salz
⅓ TL Zimt

Butter und Mehl für die Springform

½ Zitrone, Saft
2–3 Pfirsiche, entsteint und gewürfelt
1–2 EL Mehl

etwas Puderzucker zum Bestäuben

Die Zutaten für die Crumbs bis und mit Zimt mit den Fingern verreiben, bis eine krümelige Masse entsteht. Eine Springform buttern und mehlen. ⅔ der Crumbs in die Form geben und zu einem festen Boden und Rand zusammendrücken.

Zitronensaft über die Pfirsiche gießen und mit dem Mehl bestäuben. Gut verrühren. Die Pfirsiche 15 Minuten stehen lassen.

Den Ofen auf 170 Grad (Umluft) vorheizen. Die Pfirsiche auf den Teigboden geben und die restlichen Crumbs auf den Früchten verteilen. Den Cake in der Ofenmitte circa 40–45 Minuten backen.

Den ausgekühlten Cake mit etwas Puderzucker bestäuben.

Zitrus-Pannacotta

Für 4 Personen

Sahne in einem Topf erwärmen. Vanilleschote längs aufschneiden und Mark herauskratzen. Dieses zusammen mit der Schote, dem Zucker und der Zitrusschale in die Sahne einrühren und aufkochen. Temperatur reduzieren und die Mischung halb gedeckt 15 Minuten leicht köcheln lassen. Die Gelatine in kaltes Wasser tauchen, bis sie weich wird. Auspressen, in die heiße Flüssigkeit geben und unter Rühren auflösen. Die vorbereiteten Einmachgläser kalt ausspülen und die heiße Masse durch ein Sieb in die Gläser geben. Sofort verschließen und über Nacht kaltstellen.

600 ml Sahne

1 Vanilleschote (Mark und Schote)

2–3 EL Zucker

1 unbehandelte Orange, Schale

1 unbehandelte Zitrone, Schale

2 Blatt Gelatine

Schokoladencakes

Ergibt 6-8 Stück / große Muffinformen

150 g Butter
200 g Zartbitterschokolade, 72 % Kakaoanteil, gehackt
etwas Butter zum Fetten
4 Eier
100 g Zucker
½ TL Vanillepaste
1 Prise Salz
100 g Mehl

Erdbeeren, nach Belieben
Puderzucker, nach Belieben

Backofen auf 160 Grad (Umluft) vorheizen. Butter und Schokolade langsam in einem Topf schmelzen. Das Muffinblech fetten. Eier, Zucker, Vanille und Salz in einer Schüssel schaumig rühren. Butter-Schokolade-Mix dazugeben. Zuletzt das Mehl unterrühren. Teig in die Muffinform geben. In der Ofenmitte 12 Minuten backen. Herausnehmen und abkühlen lassen.

Mit Erdbeeren und Puderzucker anrichten.

Bananenbrot

Für 8 Personen

Den Ofen auf 170 Grad (Umluft) vorheizen. Butter schmelzen. Von der Platte ziehen, kurz abkühlen und noch flüssig mit den Eiern und dem Zucker schaumig schlagen. Das Bananenmus dazugeben.

Mehl, Backpulver, Zucker, Zimt und Salz mischen. Die Mischung zur feuchten Masse geben und alles gründlich vermengen. Zuletzt die Nüsse und die Schokolade unterrühren.

Den Teig in eine beschichtete oder gefettete Cakeform geben. Eine halbe Banane auf den Teig legen und die Form für 50–55 Minuten in die Ofenmitte schieben. Herausnehmen und etwas abkühlen lassen. Aus der Kastenform lösen und auf einem Gitter vollständig abkühlen lassen.

120 g Butter
2 Eier
100 g brauner Zucker
400 g reife Bananen, geschält und mit der Gabel grob zerdrückt

200 g Mehl
2 TL Backpulver
½ TL Zimt
1 Prise Salz
150 g Pekannüsse
50 g Milchschokolade, gehackt

½ Banane zum Dekorieren

Vanillecupcakes mit Zitrone

Ergibt 12 Stück

100 g Butter
250 g Zucker
2 Eier
1 unbehandelte Zitrone, Saft und Zeste
150 g Naturjoghurt
½ TL Vanillepaste
250 g Mehl
1 TL Backpulver
1 Prise Salz

Glasur

250 g Puderzucker
1 unbehandelte Zitrone, Saft (5–6 EL) und Abrieb

Die Butter schmelzen, beiseitestellen und abkühlen lassen. Noch flüssig mit Zucker mischen und mit einem Handmixer schaumig schlagen. Die Eier dazugeben und weiterrühren. Saft und Zesten hinzufügen ebenso wie Joghurt und Vanillepaste. Mehl, Backpulver und Salz mischen und über die feuchte Masse sieben. Alles gut mischen. Den Ofen auf 180 Grad (Umluft) vorheizen. Eine Muffinform mit Papierförmchen auslegen. Den Teig gleichmäßig auf die Förmchen verteilen. Diese jeweils nur zu ⅔ füllen. In der Ofenmitte 18 Minuten backen, herausnehmen und mit einem Zahnstocher testen, ob die Muffins durchgebacken sind. Wenn nicht, noch einmal für 2 Minuten in den Ofen schieben. Die Muffins abkühlen lassen.

Für die Glasur Puderzucker, Zitronensaft und -abrieb mischen und die Muffins damit bestreichen.

Schokoladencreme

Für 4 Personen

Maisstärke mit Sahne und Milch in einem Kochtopf verrühren, langsam erwärmen und Schokolade darin schmelzen. Kakaopulver, Zucker und Salz dazugeben. Aufkochen und von der Platte ziehen. Durch ein Sieb in die vorbereiteten Schraubgläser geben. Verschließen und kaltstellen. Beim Picknick mit wenig Crème double servieren.

2 EL Maisstärke, gesiebt
300 ml Sahne
300 ml Milch
100 g Zartbitterschokolade, 72 % Kakaoanteil
2 EL ungesüßtes Kakaopulver
50 g Zucker
1 Prise Salz

etwas Crème double oder Crème fraîche

Mini-Cheesecake

Für 4 Personen / Springform Durchmesser 15 cm

Boden

30 g Butter
100 g Vollkornbutterkekse
½ TL Zimt
½ TL Ingwer, gemahlen
1 Prise Salz

Füllung

250 g Frischkäse (Doppelrahmstufe)
100 g Zucker
½ Zitrone, Abrieb
⅓ TL Vanillepaste
1 TL Maisstärke, gesiebt
50 g Crème fraîche
1 Ei

Topping

150 g Crème fraîche
30 Zucker
½ Zitrone, Saft

Den Ofen auf 170 Grad (Umluft) vorheizen. Butter in einem Topf schmelzen. Abkühlen lassen. Butterkekse in einem Standmixer mit flüssiger Butter, Zimt, Ingwer und Salz mixen. Eine kleine Springform mit Papier auslegen und den Rand buttern. Die Keksmasse in die Form drücken und einen festen Boden und tiefen Rand formen. Den Boden 10 Minuten backen. Herausnehmen und abkühlen.

Für die Füllung Frischkäse, Zucker, Zitronenabrieb, Vanillepaste und Maisstärke vorsichtig vermengen. Crème fraîche und Ei in die Masse geben und cremig rühren. Die Masse auf den Cakeboden gießen. Den Cake für circa 45–50 Minuten im unteren Teil des Ofens backen. Wenn er Farbe annimmt, mit Alufolie bedeckt fertig backen. Herausnehmen und abkühlen lassen.

Für das Topping alle Zutaten verrühren und die Masse auf dem Cake verteilen. Noch einmal für 5 Minuten in den Ofen schieben. Über Nacht kaltstellen. Um ihn aus der Form zu lösen, erst mit einem spitzen Messer den Rand entlangfahren.

XL-Schoko-Nuss-Cookies

Ergibt circa 13 Stück

250 g Butter
150 g weißer Zucker
150 g brauner Zucker
1 Ei
180 g Mehl
1 TL Backpulver
½ TL grobes Meersalz
2 EL ungesüßtes Kakaopulver
50 g Walnüsse oder Mandeln, fein gehackt
100 g Zartbitterschokolade, 72 % Kakaoanteil, gehackt

Butter schmelzen, abkühlen lassen und gründlich mit dem Zucker vermengen. Das Ei dazugeben. Mehl, Backpulver, Salz und Kakaopulver mischen und in die Buttermasse rühren. Gehackte Nüsse und Schokolade dazugeben. Den Teig mit einem Eisportionierer portionieren und in eine mit Backpapier ausgelegte Aufbewahrungsbox geben. Verschließen und rund 30 Minuten in den Gefrierschrank stellen. Den Ofen auf 170 Grad (Umluft) vorheizen.

Den Teig aus dem Gefrierschrank nehmen und die Portionen mit genügend Abstand auf zwei mit Backpapier belegte Bleche verteilen (die Cookies laufen noch auseinander). Circa 12 Minuten backen. Herausnehmen und auf einem Gitter abkühlen lassen. Die Cookies sind anfangs noch weich und härten aus.

Frühlingsgetränke

Zitronen-Ingwer-Limonade

Ergibt circa 1 Liter

10 g Ingwer, geschält und gerieben

1 unbehandelte Zitrone, Schale

2 Zitronen, Saft

200 g Zucker

500 ml Wasser

Mineralwasser zum Aufgießen

Ingwer, Zitronenschale, Zitronensaft und Zucker mit Wasser aufkochen und circa 5 Minuten unter ständigem Rühren köcheln lassen. Von der Platte nehmen und 15 Minuten ziehen lassen. Sirup durch ein Sieb in eine vorbereitete Flasche füllen und abkühlen. Mit Mineralwasser auffüllen, verschließen und kaltstellen.

Rhabarber-Thymian-Sirup

Ergibt circa 500 ml Sirup

Rhabarber, Wasser, Zucker und Thymian aufkochen und 20 Minuten leicht köcheln lassen. Absieben, Rhabarber ausdrücken und Saft auffangen. Den Sirup heiß in sterilisierte Flaschen abfüllen. Um die Flaschen zu sterilisieren, zuvor 10 Minuten auskochen. Sirup abkühlen lassen. Beim Picknick im Verhältnis 1:3 mit Prosecco oder Mineralwasser mischen.

700 g roter Rhabarber, in Stücke geschnitten

700 ml Wasser

250 g brauner Zucker

2 Zweige Thymian

1 Flasche Prosecco oder Champagner

Mineralwasser (für eine alkoholfreie Alternative)

Eistee mit Orange und Rosmarin

Für 4 Personen

800 ml Wasser

loser Schwarztee (Sorte Earl Grey)

½ Orange, in Scheiben geschnitten

½ Zitrone, in Scheiben geschnitten

1 Orange, Saft

4 EL Agavendicksaft oder Honig

2 Zweige Rosmarin

Wasser aufkochen und einen starken Earl Grey zubereiten. Orange, Zitrone, Orangensaft, Agavendicksaft und Rosmarin dazugeben. Eistee mit Zitrusfrüchten und Rosmarin in eine Flasche mit breiter Öffnung abfüllen. Verschließen und kaltstellen.

Aromatisiertes Wasser

Für 4 Personen

Alle Zutaten zusammen mit dem Wasser in einen Krug mit Deckel geben und diesen 1–2 Stunden kaltstellen und ziehen lassen.

1 l Wasser

½ Gurke, mit dem Sparschäler zu Streifen verarbeitet

1 unbehandelte Zitrone oder Limette, in dünne Scheiben geschnitten

3 Zweige Pfefferminze, gezupft

Beerensmoothie

Für 4 Personen

100 g Johannisbeeren
100 g Brombeeren
100 g Himbeeren
100 g Heidelbeeren
1 Banane, geschält und in Scheiben geschnitten
100 ml Milch
ca. 300 ml Wasser
1–2 EL Agavendicksaft

Johannisbeeren von den Zweigen abzupfen. Alle Zutaten bis und mit Milch in einen Standmixer geben. Nach und nach Wasser dazugeben, bis die gewünschte Konsistenz erreicht ist. Nach Bedarf mit Agavendicksaft süßen. In Flaschen abfüllen und bis zum Picknick kaltstellen. Vor dem Trinken kräftig schütteln.

Herzhafte Sommerrezepte

Glasnudelsalat

Für 4 Personen

Glasnudeln in kochendes Wasser geben, Topf von der Platte nehmen und die Nudeln circa 2 Minuten ziehen lassen (Packungsanweisung beachten). Abschütten und kalt abspülen. In einem Sieb abtropfen. Die Nudeln in eine Schüssel geben und mit Chilischote und Frühlingszwiebeln mischen.

Für das Dressing alle Zutaten bis und mit Koriander verrühren, zum Salat geben und gut mischen. Zum Schluss die Erdnüsse unterheben.

200 g Glasnudeln

1 rote Paprika, entkernt und in dünne Streifen geschnitten

1 Frühlingszwiebel, in Ringe geschnitten

Dressing

100 ml geröstetes Sesamöl

100 ml Sojasauce

3 EL japanischer Reiswein

1 Limette, Saft

1 TL Worcestershiresauce

2–3 EL Erdnussbutter (crunchy)

1 Knoblauchzehe, geschält und gehackt

1 rote Chilischote, entkernt und gehackt

5 g Koriander, gehackt

50 g Erdnüsse, gehackt

Melonen-Tomaten-Salsa

Für 4 Personen

- 400 g Honigmelone, entkernt und fein gewürfelt
- 300 g Cherrytomaten, fein gewürfelt
- 2 Schalotten, geschält und gehackt
- 2 rote Chilischoten, entkernt und gehackt
- 5 g frischer Koriander, gehackt
- 2 Knoblauchzehen, geschält und gepresst
- 1 EL Olivenöl

Salz und Pfeffer

Alle Zutaten bis und mit Olivenöl mischen und mit Salz und Pfeffer abschmecken. In Schraubgläser füllen und verschließen. 1 Stunde im Kühlschrank ziehen lassen.

Tortillachips

Für 4 Personen

Den Ofen auf 180 Grad (Umluft) vorheizen. Die trockenen Zutaten mischen und mit den feuchten Zutaten zu einem geschmeidigen Teig kneten. Den Teig für rund 20 Minuten kaltstellen. Den Teig in 8 Portionen teilen, zu Kugeln formen und auf einer bemehlten Fläche hauchdünn ausrollen. Dazu immer wieder mit wenig Mehl bestäuben, damit der Teig nicht klebt. Die Fladen in einer beschichteten Pfanne bei hoher Hitze rund 1 Minute auf jeder Seite backen, bis der Teig leicht Farbe annimmt.

Die gebackenen Fladen in Dreiecke schneiden und auf einem mit Backpapier ausgelegten Blech platzieren. Mit wenig Öl bestreichen und 13–15 Minuten in der Ofenmitte backen. Die Chips dabei beobachten, damit sie nicht verbrennen. Herausnehmen und abkühlen lassen.

- 450 g Weizenmehl
- 300 ml Wasser
- 2 EL Olivenöl
- 1 TL Salz
- 1 TL Kurkumapulver
- 1 TL Paprikapulver
- ¼ TL Chilipulver

etwas Öl zum Bestreichen

Kartoffel-Gurken-Salat mit Kräuterquark-Dressing

Für 4–6 Personen

500 g kleine Frühkartoffeln (festkochend)

250 g Salatgurke, längs halbiert, entkernt und in Ringe geschnitten

65 g Stangensellerie, in Ringe geschnitten

1 Frühlingszwiebel, in Ringe geschnitten

Dressing

200 g Crème fraîche

1 Knoblauchzehe, gepresst

5 g frischer Dill, gezupft

5 g frische glatte Petersilie, gehackt

5 g Schnittlauch, gehackt

2 mittelgroße Essiggurken, gewürfelt

4 EL Gurkenwasser

1 TL Senf

Salz und Pfeffer

Die Kartoffeln in Salzwasser kochen. Abschütten und abkühlen lassen. Kartoffeln halbieren und in eine Schüssel geben. Gurke, Sellerie und Frühlingszwiebel daruntermischen.

Für das Dressing alle Zutaten bis und mit Senf miteinander mischen. Mit Salz und Pfeffer abschmecken. Das Quarkdressing über das Gemüse geben und alles kräftig mischen. Abgedeckt 1 Stunde ziehen lassen.

Gefüllter Brotlaib

Für 8–10 Personen

Das Brot auf einer Seite vorsichtig öffnen und aushöhlen. Die Masse (circa 100 g) herausholen und beiseitestellen.

Für die Füllung alle Zutaten bis und mit Schnittlauch mischen, die Brotmasse dazugeben und nach Belieben mit Paprikapulver, Salz und Pfeffer abschmecken. Das Kastenbrot mit der Masse dicht stopfen. Einen Tag im Kühlschrank ziehen lassen. Als Ganzes zum Picknick mitnehmen und vor Ort aufschneiden.

1 Kastenbrot / Toast am Stück (500 g)

Füllung

300 g Magerquark
4 kleine Essiggurken, gehackt
8 grüne Oliven, entsteint und gehackt
50 g Karotten, geschält und fein gewürfelt
50 g gelbe Paprika, fein gewürfelt
50 g rote Paprika, fein gewürfelt
50 g Radieschen, gehackt
2 Eier, hartgekocht, geschält und gehackt
100 g Cheddar, gerieben
1 EL Senf
kleiner Bund Schnittlauch, gehackt

Paprikapulver, nach Belieben
Salz und Pfeffer

Gemüseblechkuchen

Für 6–8 Personen/ergibt 1 Backblech

Teig

200 g Mehl
200 g Butter
200 g Magerquark
½ TL Salz
1 Messerspitze Backpulver

Belag

300 g Magerquark
3 Eier
150 g kräftiger Hartkäse, z. B. Gruyère, gerieben
200 g gekochter Schinken, in Streifen geschnitten
Salz und Pfeffer
3 Tomaten, gewürfelt
1 Zucchini, in Scheiben geschnitten
je 1 gelbe, grüne und rote Paprika, entkernt und gewürfelt
250 g Brokkoli, in kleine Röschen geschnitten
etwas Basilikum

Mehl und Butter mischen, die restlichen Zutaten bis und mit Backpulver hinzufügen und alles mit einem Mixer (Knethaken) zunächst kurz auf niedrigster, dann auf höchster Stufe zu einem Teig verarbeiten. Eine Kugel formen, in Frischhaltefolie einpacken und 1 Stunde kaltstellen. Ein Backblech fetten und mehlen, Teig dünn ausrollen und Rand etwas hochziehen. Den Ofen auf 160 Grad (Umluft) vorheizen.

Für die Füllung Quark, Eier, Käse und Schinken mischen. Mit Salz und Pfeffer abschmecken. Die Masse auf den Teig streichen. Die Fläche mit dem Gemüse belegen. Das Blech in den Ofen schieben und 40–45 Minuten backen. Am Schluss etwas Basilikum zerzupfen und darübergeben.

Scharfer Mangosalat mit Avocado und Paprika

Für 4-6 Personen

Mango, Avocado, Paprika, Schalotte und Chilischote mit dem Koriander vermengen. Zitronensaft und Öl dazugeben und mit Salz und Pfeffer abschmecken.

Tipp: Eine reife, aber noch feste Mango lässt sich gut mit dem Sparschäler schälen. Bei der Avocado empfehle ich, die Frucht zu halbieren und den Kern vorsichtig zu entfernen. Schneiden Sie die äußeren Enden der Hälften ab und ziehen Sie die Schale vom Fruchtfleisch.

2 Mangos, gewürfelt

2 Avocados, gewürfelt

1 rote Paprika, entkernt und gewürfelt

1 Schalotte, gehackt

1 rote Chilischote, entkernt und in feine Ringe geschnitten

2 EL frischer Koriander, gehackt

1 kleine Zitrone, Saft

2–3 EL Sonnenblumenöl

Salz und Pfeffer

Roher Blumenkohlsalat

Für 6 Personen

500 g Blumenkohl, vom Strunk befreit

2 Bund Radieschen, in dünne Scheiben geschnitten

½ Bund glatte Petersilie (ca. 30 g), gehackt

Dressing

2 EL Sonnenblumenöl

1 EL Olivenöl

1 EL Chiliöl

1 EL Sojasauce

1 TL dunkler Aceto balsamico

1 EL Mayonnaise

1 EL Senf

1 Knoblauchzehe, geschält und gepresst

2 EL Schnittlauch, gehackt

2 Prisen Chilipulver

1 EL Crème fraîche

Salz und Pfeffer

Den rohen Blumenkohl mit einer Reibe zu Blumenkohl-Couscous verarbeiten. Die Gemüsemasse mit Radieschen und Petersilie in eine Schüssel geben und mischen.

Für das Dressing alle übrigen Zutaten kräftig miteinander vermengen und nach Bedarf mit Salz und Pfeffer abschmecken. Das Dressing separat abfüllen und zum Picknick mitnehmen. So kann sich jeder Gast selbst bedienen.

Tomaten-Erdnuss-Crostini mit Mozzarella

Ergibt 12 Crostini

Schalotten in Sonnenblumenöl dünsten. Erdnüsse, Knoblauch, Tomaten und Ingwer dazugeben. Erdnussbutter und Tomatenpüree einrühren und rösten. Kokosblütensirup und Gewürze mit Wasser in die Pfanne geben, aufkochen lassen und mit dem Pürierstab zu einer cremigen Masse verarbeiten. Die Masse in ein vorbereitetes Schraubglas füllen.

Die gerösteten Brotscheiben kurz vor dem Verzehren bestreichen und mit einer Scheibe Mozzarella belegen. Mit schwarzem Pfeffer würzen und mit wenig Olivenöl beträufeln.

12 Scheiben Baguette, in der Pfanne geröstet

Tapenade

- 5 Schalotten, gehackt
- 1 EL Sonnenblumenöl
- 1 Handvoll gesalzene Erdnüsse, zerstoßen
- 2 Knoblauchzehen, geschält und gepresst
- 5 eingelegte Tomaten, in Streifen geschnitten
- 5 g Ingwer, geschält und in feine Scheiben geschnitten
- 1 EL Erdnussbutter (crunchy)
- ½ Tube Tomatenpüree
- 1 TL Kokosblütensirup
- 2 Prisen Salz
- 2 Prisen Pfeffer
- 1 Prise Zimt
- 1 gestrichener TL Koriandersamen, gemahlen
- 1 gestrichener TL Harissa
- 100 ml Wasser

250 g Mozzarella, in dünne Scheiben geschnitten

etwas Pfeffer

etwas Olivenöl

Knoblauch-Focaccia

Für 6 Person / ergibt 1 Backblech

500 g Weizenmehl
42 g Hefe
1 TL Zucker
300 ml Wasser, lauwarm

1 TL Salz
3 Zweige Rosmarin, gehackt
100 ml Olivenöl

Olivenöl zum Bestreichen

50 g Butter
4 Knoblauchzehen, gepresst
grobes Meersalz

Mehl in eine Schüssel geben und eine Mulde formen. Hefe in kleinen Stücken zugeben und mit Zucker bestreuen. ⅓ des Wassers dazugeben und leicht verrühren. 15 Minuten zugedeckt an einem warmen Ort ruhen lassen. Salz, Rosmarin, restliches Wasser und Öl beigeben und zu einem geschmeidigen Teig kneten. Zugedeckt an einem warmen Ort rund 60 Minuten aufgehen lassen.

Den Ofen auf 180 Grad (Umluft) vorheizen. Den Teig aus der Schüssel nehmen und auf einem mit Backpapier ausgekleideten Blech platzieren. Flachdrücken und von der Mitte aus in die Ecken ziehen, bis der Teig flach auf dem Blech liegt. Erneut 15 Minuten zugedeckt gehen lassen.

Mit einem Kochlöffelstiel Vertiefungen in den Teig drücken. Mit Olivenöl bestreichen. Circa 35 Minuten backen.

In einer Pfanne Butter schmelzen und den Knoblauch darin dünsten. Focaccia aus dem Ofen nehmen und mit der Knoblauchbutter begießen. Mit Meersalz bestreuen. Am Stück transportieren und kurz vor dem Verzehr in Stücke schneiden. Die restliche Knoblauchbutter kann in einem verschließbaren Glas aufgefangen und mitgenommen werden.

Süße Sommerrezepte

Aprikosen-Pistazien-Strudel

Für 6-8 Personen

Strudelteig

1 Ei

1 EL Öl, geschmacksneutral

300 g Mehl

1 Prise Salz

125 ml Wasser, lauwarm

4 EL Butter

100 g Löffelbiskuits, in einem Plastikbeutel zu Krümeln geschlagen

Füllung

2 Eiweiß

1 Prise Salz

2 EL Zucker

500 g Aprikosen, entsteint und in Spalten geschnitten

90 g Pistazien, geschält

½ TL Zimt

Puderzucker zum Bestäuben

Für den Strudelteig das Ei aufschlagen und in einer Tasse mit Öl vermengen. Das Mehl auf eine saubere Arbeitsfläche sieben und Salz dazugeben. Eine Mulde formen, in die das Ei-Öl-Gemisch und das Wasser nach und nach hineingeschüttet werden. Anfangs die Flüssigkeit mit einer Gabel ins Mehl rühren, später die Hände zum Kneten nutzen und die Zutaten zu einem seidigen Teig verarbeiten. Probe: eine Kugel formen und diese in der Mitte durchschneiden. Der Teig muss innen Blasen aufweisen.

Eine Schale mit heißem Wasser ausspülen. Die Teigkugel mit wenig Öl bestreichen und die warme Schüssel darüberstülpen. 30 Minuten ruhen lassen. Ein sauberes Küchentuch auslegen und dieses mit wenig Mehl bestäuben. Den Teig darauf erst mit dem Nudelholz ausrollen, später vorsichtig mit den Handballen ziehen, bis der Teig beinahe transparent ist.

Butter schmelzen. Mit der Hälfte den Teig bestreichen und mit Löffelbiskuits bestreuen. Den Ofen auf 180 Grad (Umluft) vorheizen.

Für die Füllung das Eiweiß mit Salz steifschlagen, Zucker dazugeben und weiterschlagen. Die Aprikosen mit Zimt und Pistazien vermengen und unter den Eischnee heben.

Die Masse auf circa ⅓ des Teigs verteilen. Den Teig mithilfe des Tuchs vorsichtig aufrollen (beginnend mit der Seite, auf der sich die Fruchtmasse befindet). Die Enden einschlagen. Die Rolle auf einem mit Backpapier belegten Blech platzieren. Die Teigkante sollte sich auf der Unterseite des Strudels befinden. Die Rolle krümmen und mit der restlichen flüssigen Butter bestreichen. Den Strudel circa 35 Minuten backen. Herausnehmen und abkühlen lassen. Mit Puderzucker bestäuben.

Kirschpie

Für 4 Personen / Tarteform Durchmesser 24 cm

Teig

200 g Mehl
½ TL Salz
100 g Butter, kalt
50 g Zucker
50 ml Wasser, kalt

Füllung

300 g Kirschen, entkernt
50 g Zucker
1 Zitrone, Saft
2 TL Maisstärke, gesiebt
30 g Butter

1 Eigelb
Puderzucker zum Bestäuben

Das Mehl mit dem Salz vermengen und mit der in Stücke geschnittenen Butter zu Krümeln verreiben. Das Wasser dazugeben und zu einem homogenen Teig verarbeiten. In Frischhaltefolie einpacken und 30 Minuten kaltstellen.

Den Ofen auf 180 Grad (Umluft) vorheizen. Den Teig auf einem Backpapier mit wenig Mehl circa 4 mm ausrollen. Den Teig mit dem Backpapier in die Form legen, den überschüssigen Rand abschneiden und für Dekorationszwecke beiseitestellen.

Die Kirschen mit Zucker, Zitronensaft und Maisstärke mischen. 10 Minuten ruhen lassen. Die Kirschen in die Teigform geben und mit Butterflocken bestreuen.

Teigreste ausrollen, kleine Kreise ausstechen und auf den Kirschen platzieren. Den Teig mit Eigelb bestreichen. In den Ofen schieben und circa 45 Minuten goldgelb backen. Herausnehmen und abkühlen lassen. Mit Puderzucker bestäuben.

Erdnussbutter-Blondies

Ergibt etwa 16 Stück

150 g Zucker
100 g Butter
1 EL Mandelmus
2 EL Erdnussbutter (crunchy)
2 Eier
150 g Mehl
½ TL Backpulver
1 Prise Salz

Glasur

100 g weiße Schokolade
1 EL Sahne
1 TL Erdnussbutter

Erdnüsse, gesalzen und gehackt, zum Bestreuen

Den Ofen auf 170 Grad (Umluft) vorheizen. Zucker, Butter, Mandelmus und Erdnussbutter mit dem Handrührgerät schaumig schlagen. Die Eier dazugeben. Mehl, Backpulver und Salz mischen, in die Masse sieben und alles zu einem glatten Teig verrühren. Eine Backform (circa 20 × 30 cm) mit Backpapier auskleiden, die Masse in die Form gießen und 25 Minuten in der Ofenmitte backen. Herausnehmen und in der Form abkühlen lassen. In gleich große Stücke schneiden.

Schokolade im Wasserbad schmelzen, Sahne und Erdnussbutter in die heiße Masse rühren. Glasur über die Blondies gießen und Erdnüsse darüber streuen.

Karotten-Apfel-Cake

Für 8 Personen

200 g Butter
4 Eier
1 Prise Salz
200 g Zucker
200 g Karotten, geschält und gerieben
300 g Apfel (Sorte Braeburn), entkernt und gerieben
1 TL Zimt
200 g Mehl
½ TL Backpulver

Den Ofen auf 170 Grad (Umluft) vorheizen. Butter schmelzen und abkühlen. Für den Teig die Eier trennen und das Eiweiß mit Salz steifschlagen. Zucker dazugeben und weiterschlagen, bis der Eischnee fest ist. Eigelb unterheben. Karotten, Äpfel und Zimt untermengen. Mehl mit Backpulver mischen und in die Masse sieben. Butter dazugeben. Alles vorsichtig mischen und in eine gefettete und gemehlte Cakeform füllen, circa 45 Minuten backen. Herausnehmen und mit einem Zahnstocher testen, ob der Kuchen fertig ist. Wenn der Zahnstocher beim Herausziehen sauber ist, ist der Kuchen durchgebacken. In der Form auskühlen lassen.

Zwetschgenröster mit Joghurt

Für 4 Personen

Den Ofen auf 170 Grad (Umluft) vorheizen. Alle Zutaten bis und mit Rum in eine Auflaufform schichten und für 35 Minuten in den Ofen schieben. Herausnehmen, die Zimtstangen und Zitronenschale entfernen. In vorbereitete Schraubgläser füllen und sofort verschließen. Beim Picknick mit Naturjoghurt servieren.

700 g Zwetschgen, entsteint und halbiert

½ unbehandelte Zitrone, Schale

1 Zitrone, Saft

2 Zimtstangen

3 EL Agavendicksaft

2 TL Rum (Sorte Stroh 80 Rum)

500 g Naturjoghurt

Meringues
mit Beerensauce und Sahne
Für 4 Personen

Meringues

2 Eiweiß
1 Prise Salz
100 g Zucker
½ TL Maisstärke

Beerensauce

200 g frische Himbeeren
½ Zitrone, Saft
1–2 EL Agavendicksaft

Crème double oder Crème fraîche

Den Backofen auf 80 Grad (Umluft) vorheizen. Das Eiweiß mit Salz zunächst auf niedriger Stufe leicht aufschlagen. Zucker dazugeben und die Geschwindigkeit erhöhen, bis der Eischnee glänzend und kompakt ist, sodass sich Spitzen bilden. Maisstärke über die Masse sieben und vorsichtig unterheben. In einen Spritzsack mit gezackter Tülle füllen und Meringuetupfen auf ein mit Backpapier belegtes Blech spritzen. Das Blech in den Ofen schieben und 2 Stunden bei leicht geöffneter Ofentür trocknen. Dazu einen Holzkochlöffel in die Ofentür stecken. Den Ofen ausschalten und Meringues im geöffneten Ofen abkühlen lassen.

Himbeeren mit einem Stabmixer pürieren und in einem Topf mit Zitronensaft und Agavendicksaft aufkochen. Die Flüssigkeit in eine sterilisierte Flasche gießen. Um die Flaschen zu sterilisieren, zuvor 10 Minuten auskochen.

Beim Picknick Meringues aufbrechen, mit Himbeersauce und Crème double servieren.

Maracujatorte

Für 8 Personen / Springform Durchmesser 25 cm

Biskuitboden

- 3 Eier
- 30 g Butter
- 1 Prise Salz
- 90 g Rohrzucker
- 90 g Weizenmehl
- 10 g Maisstärke
- 1 TL Backpulver

Topping

- 300 ml Sahne
- 300 ml Maracujasaft
- 50 g Zucker
- 1 Vanilleschote, Mark
- 4 Blatt Gelatine

2 Kiwis, geschält und in Scheiben geschnitten

Den Ofen auf 170 Grad (Umluft) vorheizen. Die Eier trennen. Das Eigelb beiseitestellen. Butter vorsichtig schmelzen, von der Platte ziehen und etwas abkühlen. Das Eiweiß mit dem Salz steifschlagen. Den Zucker dazugeben und weiterschlagen. Das Eigelb unterheben. Mehl, Maisstärke und Backpulver mischen und in die Masse sieben. Butter dazugießen. Alles vorsichtig vermengen. Eine Springform mit Backpapier auslegen, die Masse hineingießen und 15 Minuten backen.

Die übrigen Zutaten bis und mit Vanillemark aufkochen. Die Gelatine in kaltes Wasser tauchen, bis sie weich wird, ausdrücken und in die heiße Masse geben. Kräftig rühren, bis sich die Gelatine vollständig aufgelöst hat. Den Topf von der Platte ziehen und vollständig abkühlen lassen.

Den Tortenboden aus dem Ofen holen und vollständig abkühlen lassen. Die Maracujacreme auf den Biskuitboden in die Springform gießen und über Nacht in den Kühlschrank stellen.

Vor dem Servieren mit Kiwischeiben dekorieren.

Bircher Müsli mit Granola

Für 4 Personen

Granola

200 g grobe Haferflocken

½ TL Zimt

3 EL flüssiger Blütenhonig

50 g Walnüsse, gehackt

50 g Leinsamen

70 g getrocknete Aprikosen, in Streifen geschnitten

50 g Kokosfett, flüssig

Bircher Müsli

8 EL Granola

2 säuerliche Äpfel (Sorte Braeburn), entkernt, gerieben oder gewürfelt

½ Zitrone, Saft

100 g Trauben

2 Bananen, geschält und in Scheiben geschnitten

200 g Beeren

200 g griechischer Naturjoghurt

2 EL Milch

1 EL Agavendicksaft

Den Ofen auf 160 Grad (Umluft) vorheizen. Alle Zutaten für das Granola miteinander mischen und auf einem mit Backpapier belegten Blech verteilen. 25 Minuten in der Ofenmitte backen. Herausnehmen und abkühlen lassen. Die Mischung kann in einem verschlossenen Glas einige Wochen aufbewahrt werden.

Für das Bircher Müsli Granola mit Milch und Joghurt mischen. Äpfel und Bananen mit Zitronensaft vermengen, die restlichen Früchte dazugeben und alle Zutaten verrühren. Wer das Granola lieber knusprig mag, vermengt zu Hause lediglich Joghurt, Früchte und Agavendicksaft und gibt 8 Esslöffel Granola erst kurz vor dem Verzehren dazu.

Mascarponecreme mit Fruchtsalat

Für 4 Personen

Alle Zutaten für die Creme vermengen und Einmachgläser (330 ml) bis zur Hälfte damit befüllen.

Die Früchte mischen und mit Zitronensaft beträufeln. Die Gläser mit dem Salat auffüllen und verschließen.

Creme

300 g Mascarpone

100 ml Orangensaft, frisch gepresst

100 ml Sahne

1 unbehandelte Orange, Abrieb

40 g Rohrzucker

Fruchtsalat

1 Orange, geschält und gewürfelt

1 Banane, geschält und in Scheiben geschnitten

100 g Trauben, halbiert

100 g Himbeeren

2 Kiwis, geschält und in Scheiben geschnitten

etwas Zitronensaft

Datteln mit Frischkäsefüllung

Für 4 Personen

16 große Datteln, aufgeschnitten und entsteint

100 g Frischkäse

Die Schnittöffnung vorsichtig auseinanderziehen und mit Frischkäse füllen. Kaltstellen und für das Picknick in einem Glasbehälter eng aneinandergereiht transportieren. Rasch verzehren.

Sommergetränke

Kräuterlimonade

Ergibt circa 500 ml Sirup

- 500 ml Wasser
- 50 g Kräuter (Rosmarin, Salbei, Pfefferminze)
- 1 Zitrone, Saft
- 400 g Zucker

- Mineralwasser

Die Kräuter in heißem Wasser aufkochen. Salbei bereits nach 5 Minuten herausnehmen. Die restlichen Kräuter insgesamt 15 Minuten ziehen lassen. Die Kräuter entfernen.

Den Sud mit Zitronensaft und Zucker aufkochen und in eine sterilisierte Flasche gießen. Um die Flaschen zu sterilisieren, zuvor 10 Minuten auskochen.

Beim Picknick im Verhältnis 1:3 mit Mineralwasser mischen.

Mandelmilch

Ergibt circa 650 ml

200 g Mandeln, über Nacht in kaltem Wasser eingelegt
700 ml kaltes Wasser
8 Datteln (ca. 60 g)
1 EL Ahornsirup

Die eingelegten Mandeln schälen, sie lassen sich einfach aus der Haut drücken. Die Mandeln in einen Mixer geben und mit Wasser, Datteln und Ahornsirup fein pürieren. In einen Nussbeutel, ein sauberes Mulltuch oder ein engmaschiges Sieb drücken und Flüssigkeit in einem Krug auffangen. Der letzte Rest lässt sich am besten durch das Mulltuch pressen. Gut durchrühren und nach Bedarf mit Ahornsirup süßen. In eine Flasche abfüllen und kaltstellen. Rasch trinken.

Alkoholfreie Früchtebowle

Ergibt 1 Liter

- 150 g Erdbeeren, vom Grün befreit und halbiert
- 100 g Pfirsich, entkernt und grob gewürfelt
- 1 Limette, geachtelt
- 700 ml Apfelschorle oder 500 ml Apfelsaft und 200 ml Mineralwasser
- 10 g frische Pfefferminze, gezupft

Alle Zutaten wenige Stunden vor dem Picknick in einen verschließbaren Krug geben und kaltstellen, damit Früchte und Kräuter durchziehen können.

Pfirsichlassi

Ergibt circa 1 Liter

600 g Pfirsich, entkernt und gewürfelt

10 g Ingwer, geschält und in Scheiben geschnitten

400 g griechischer Naturjoghurt

4 EL flüssiger Blütenhonig oder Agavendicksaft

200 ml Wasser

Alle Zutaten in einen Standmixer geben und pürieren. Sollte das Lassi zu dickflüssig sein, kann mehr Wasser dazugegeben werden. Lassi in eine Flasche abfüllen und kaltstellen. Rasch trinken.

Eiskaffee

Ergibt 1 Liter

Basis

(lässt sich zu ca. 1–1½ Litern Eiskaffee verarbeiten)

250 ml Kokosmilch

1 Dose gezuckerte Kondensmilch

200 ml Espresso

500 ml Milch, kalt

Für die Basis die Kokosmilch und die Kondensmilch in einen Topf geben, aufkochen und unter gelegentlichem Rühren circa 15 Minuten leicht köcheln lassen. Von der Platte nehmen und abkühlen lassen.

300 ml der Mischung mit Milch und Espresso in eine 1-Liter-Flasche geben, schütteln und kaltstellen. Wer es süßer mag, kann weniger Milch und mehr Kokos- und Kondensmilch hinzufügen. Beim Picknick mit Eiswürfeln servieren. Diese lassen sich beispielsweise in einer gut isolierenden Thermoskanne transportieren.

Herzhafte Herbstrezepte

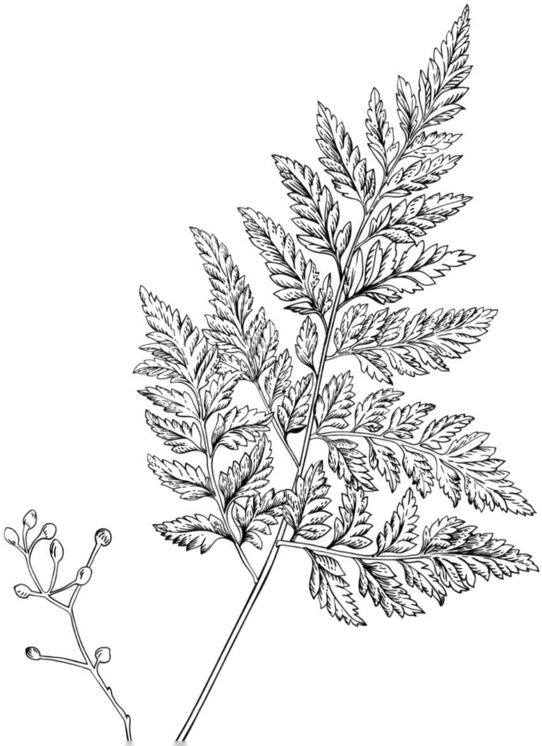

Champignonsuppe

Für 4 Personen

1 Schalotte, geschält und gehackt
1 Knoblauchzehe, geschält und gepresst
250 g Champignons, geputzt und in Scheiben geschnitten (1)
500 ml Bouillon
200 ml Sahne
1 Scheibe Weißbrot
50 g Rahmkäse, gerieben
Salz und Pfeffer

etwas Butter zum Braten
80 g Speckwürfel
50 g Champignons, geputzt und in Scheiben geschnitten (2)

In einem Topf Olivenöl erhitzen, Schalotten und Knoblauch darin anschwitzen. Champignons (1) dazugeben und kurz anbraten. Mit Bouillon aufgießen und 20 Minuten zugedeckt köcheln. Sahne, Brot und Käse dazugeben und mit dem Stabmixer pürieren. Mit Salz und Pfeffer abschmecken.

Speckwürfel und Champignons (2) in wenig Butter circa 5 Minuten braten. Beides in die Suppe geben. Die Suppe in eine gut isolierende Thermoskanne füllen, so lässt sie sich einfach transportieren und bleibt warm.

Chili con Carne

Für 4-6 Personen

Öl in einem Topf erhitzen. Schalotte und Knoblauch dünsten. Hackfleisch dazugeben und scharf anbraten. Tomatenmark unterrühren, damit Röstaromen entstehen. Mit Rotwein ablöschen und kurz einkochen. Paprika, Bohnen, Mais und Chilischoten hinzufügen und kräftig rühren.

Mit Dosentomaten und Wasser aufgießen. Zucker, Koriandersamen und einen ½ Teelöffel Salz einrühren. Das Chili 45 Minuten köcheln lassen. Cheddar dazugeben und nach Belieben mit Salz und Pfeffer abschmecken. Das Chili vom Herd nehmen und den Sellerie untermischen.

Beim Picknick das lauwarme Chili mit Crème fraîche, frischem Koriander und Brot servieren.

2 EL Olivenöl
1 Schalotte, geschält und gehackt
1 Knoblauchzehe, geschält und gepresst
500 g Rinderhackfleisch
2 EL Tomatenmark
200 ml Rotwein
1 rote Paprika, gewürfelt
300 g rote Bohnen (Dose)
280 g Maiskörner (Dose)
3 rote Chilischoten, entkernt und in Ringe geschnitten

800 g Dosentomaten (z. B. Pelati)
200 ml Wasser
2 EL Zucker
1 TL Koriandersamen, gemahlen
80 g Cheddar
Salz und Pfeffer
½ Stange Sellerie, in Ringe geschnitten

Crème fraîche
etwas frischer Koriander
Brot, nach Belieben

Knäckebrot

Ergibt 1 Backblech

100 g Mehl, z. B. Ruchmehl

70 g Sonnenblumen- oder Kürbiskerne

30 g Leinsamen

60 g Haferflocken

1 EL Kürbiskernöl

200 ml Wasser

2 Prisen grobes Meersalz

Haferflocken oder Samen zum Bestreuen

Den Ofen auf 160 Grad (Umluft) vorheizen. Alle Zutaten miteinander vermengen. Die Masse auf einem mit Backpapier belegten Blech 5 mm dick ausstreichen. Mit einer Handvoll Samen oder Haferflocken bestreuen. 15 Minuten backen, herausnehmen und in die gewünschte Form schneiden. Weitere 25 Minuten fertig backen. Herausnehmen und auf einem Gitter auskühlen lassen.

Kürbis-Käse-Aufstrich

Für 4 Personen

250 g Kürbis, geschält und gewürfelt

2 EL Olivenöl

1 Knoblauchzehe, geschält und gehackt

400 g Frischkäse

250 g Cheddar, gerieben

1 EL Worcestershiresauce

1 Schalotte, geschält und fein gehackt

1 rote Chilischote, geschält und fein gehackt

Salz und Pfeffer

Den Ofen auf 200 Grad (Umluft) vorheizen. Die Kürbiswürfel mit Olivenöl und Knoblauch mischen und für 20 Minuten in den Ofen schieben. Frischkäse, Cheddar und Worcestershiresauce mischen. Schalotten und Chilischote dazugeben. Kürbis aus dem Ofen nehmen, etwas abkühlen lassen und mit dem Kartoffelstampfer in die Frischkäsemasse einarbeiten. Mit Salz und Pfeffer abschmecken.

Wurzelgemüsesalat mit Feta

Für 4 Personen

400 g Kürbis, geschält und grob gewürfelt

300 g Karotten, geschält und in grobe Scheiben geschnitten

400 g Pastinaken, geschält und in grobe Stifte geschnitten

400 g Rote Bete, geschält und in grobe Stücke geschnitten

2 Schalotten, geschält und grob geschnitten

5 EL Olivenöl

1 TL grobes Meersalz

½ TL Muskatnuss

1 TL Harissa

½ TL Chilipulver

2 Knoblauchzehen, geschält und gepresst

200 g Feta, in Würfel geschnitten

100 g Walnüsse, grob gehackt

etwas Olivenöl

Salz und Pfeffer

Den Ofen auf 200 Grad (Umluft) vorheizen. Das Gemüse mit Olivenöl und Gewürzen mischen und auf einem mit Backpapier ausgelegten Backblech verteilen. Den gepressten Knoblauch darübergeben und 25 Minuten backen. Herausnehmen und in eine Schüssel geben.

Das Gemüse etwas abkühlen lassen. Feta und Walnüsse daruntermischen. Mit Olivenöl, Salz und Pfeffer abschmecken.

Käsetaler

Ergibt circa 15 Taler

- 100 g Mehl
- 100 g Parmesan, gerieben
- 1 rote Chilischote, fein gehackt
- 1 Rosmarinzweig, die Nadeln fein gehackt
- ½ TL Salz
- 100 g Butter, kalt und in Stücke geschnitten

- 1 Eigelb zum Bestreichen
- Rosmarin / Chilischoten zum Dekorieren

Den Backofen auf 160 Grad (Umluft) vorheizen. Mehl, Käse, Chilischote, Rosmarin und Salz mischen und mit der Butter zügig zu einem Teig zusammenfügen. Den Teig zu einer Rolle formen und in Frischhaltefolie verpackt 45 Minuten kaltstellen. Herausnehmen und in 15 Taler schneiden; jeder sollte rund 5 mm dick sein.

Die Taler auf ein mit Backpapier ausgelegtes Blech legen, mit Eigelb bestreichen, nach Belieben mit Rosmarin oder Chilischote dekorieren und in der Ofenmitte 15 Minuten backen oder bis der Teig goldgelb ist.

Gerstensuppe

Für 4–6 Personen

Zwiebeln und Knoblauch in Öl dünsten. Das Gemüse dazugeben und kurz mitdünsten.

Speck hinzufügen, zuletzt Bohnen und Gerste dazugeben. Mit 2 Litern Wasser ablöschen. Mit Pfeffer würzen. Aufkochen und Hitze reduzieren. 1½ Stunden bei kleiner Hitze leicht köcheln lassen, bis Gerste und Bohnen weich sind.

Die Milch einrühren. Den Speck in Würfel schneiden und zurück in die Suppe geben. Nach Bedarf mit Salz und Pfeffer abschmecken.

1 mittelgroße Zwiebel, geschält und gehackt

2 Knoblauchzehen, geschält und gehackt

2 EL Öl

50 g Karotten, geschält, gewürfelt

50 g Frühlingszwiebeln, in Ringe geschnitten

50 g Sellerie, geschält, gewürfelt

100 g Kartoffeln, geschält, gewürfelt

200 g Bauchspeck am Stück

50 g Pintobohnen

100 g Rollgerste (Gerstengraupen)

2 l Wasser

1 l Milch

Salz und Pfeffer

Dörrbohnensalat mit Speck und Nüssen

Für 4 Personen

100 g Dörrbohnen
50 g Bauchspeck, gewürfelt
1 Schalotte, geschält und gehackt
1 Knoblauchzehe, geschält und gepresst
Sonnenblumenöl, nach Bedarf
100 g Walnüsse

Dressing

4 EL Olivenöl
3 EL Gewürzessig
1 EL dunkler Aceto Balsamico
1–2 TL Senf

Salz und Pfeffer

Dörrbohnen circa 35 Minuten in Salzwasser weichkochen. Speck in der Pfanne anbraten und dabei das Fett auslassen. Die Bohnen abschütten, kurz mit kaltem Wasser abschrecken und gut abtropfen lassen. Die Bohnen zum Speck in die Pfanne geben und diese von der Platte nehmen. Gut vermengen.

Bohnen-Speck-Mischung beiseitestellen und Schalotten und Knoblauch im restlichen Speckfett dünsten. Wenn zu wenig Fett in der Pfanne ist, etwas Sonnenblumenöl hinzufügen. Alle Zutaten in einer Schüssel mischen, die Walnüsse grob zerbrechen und dazugeben.

Für das Dressing alle übrigen Zutaten bis und mit Senf in ein Schraubglas geben, verschließen und gut schütteln, sodass sich alles miteinander verbindet. Mit Salz und Pfeffer kräftig abschmecken. Das Dressing separat zum Picknick mitnehmen und erst kurz vor dem Servieren über den Salat geben.

Eingelegte Pilze

Für 4-6 Personen

400 g Champignons, geputzt und von den Stielenden befreit
4 Knoblauchzehen, geschält
1 EL Olivenöl

100 ml Wasser
200 ml Kräuteressig
1 EL Zucker
½ TL Salz
1 TL schwarze Pfefferkörner
2 Zweige Rosmarin
2 getrocknete Lorbeerblätter
1 rote Chilischote, in feine Ringe geschnitten

Pilze und Knoblauchzehen in Olivenöl kurz anbraten.

Einen Sud aus Wasser und Essig aufsetzen. Zucker, Salz, Pfeffer und Kräuter dazugeben, ebenso wie Chilischote, Pilze und Knoblauch. Den Sud rund 10 Minuten leicht köcheln lassen. Die festen Zutaten in sterilisierte Gläser füllen, mit dem Sud aufgießen und heiß verschließen. Um die Gläser zu sterilisieren, zuvor 10 Minuten auskochen.

Die Pilze sind kühl und trocken gelagert mehrere Monate haltbar.

Rosenkohlsalat mit Cranberrys

Für 4 Personen

1 kg Rosenkohl

1 große Schalotte, geschält und gehackt

200 g Cranberrys, getrocknet und gezuckert

Dressing

3 EL Senf

3 EL flüssiger Blütenhonig

3 EL Crème fraîche

2 EL Sonnenblumenöl

Salz und Pfeffer

100 g Parmesan

Die Rosenkohlröschen gründlich waschen, von äußeren Blättern und vom Strunk befreien. 5 Minuten in kochendem Salzwasser blanchieren. Mit einer Kelle aus dem heißen Wasser nehmen und mit eiskaltem Wasser abschrecken oder kurz in ein Eisbad legen. Die Röschen vierteln und in eine Schüssel geben. Die Schalotte und die Cranberrys untermischen.

Für das Dressing alle übrigen Zutaten bis und mit Sonnenblumenöl mit einem Schneebesen kräftig verrühren und mit Salz und Pfeffer abschmecken. Das Dressing über das Gemüse geben und mischen.

Mit dem Sparschäler große Parmesanflocken abhobeln und unter den Salat mischen.

Süße Herbstrezepte

Birnen-Tarte-Tatin

Für 6 Personen

Den Ofen auf 180 Grad (Umluft) vorheizen. Die Butter in einer ofenfesten Pfanne schmelzen. Birnen, Zimt, Thymian und Ahornsirup dazugeben und kräftig schwenken. Wenn sich kleine Bläschen bilden, die Pfanne von der Platte ziehen und 2–3 Strudelblätter auf die Früchte legen, sodass ein Kuchenboden entsteht, der später beim Stürzen der Tarte den Saft auffängt. Die Teigblätter jeweils mit geschmolzener Butter bestreichen und zwischen Birnen und Pfannenrand schieben.

Die Pfanne für 15–20 Minuten in die Ofenmitte schieben. Dabei die Teigblätter beobachten. Sie sollen goldgelb werden, dürfen aber nicht verbrennen. Die Pfanne vorsichtig aus dem Ofen nehmen, kurz stehen lassen, einen Teller auf den Teigboden legen und die Tarte darauf stürzen.

Blätterteig oder Strudelteig (siehe Seite 102)

Füllung

50 g Butter

3 Birnen (Sorte Conférence), in Spalten oder Scheiben geschnitten und entkernt

1 TL Zimt

1 Zweig Thymian

2 EL Ahornsirup

etwas flüssige Butter zum Bestreichen

Schokoladentarte

Für 6 Personen / Tarteform Durchmesser 24 cm

Teig

200 g Mehl

¼ TL Salz

50 g Zucker

100 g Butter, kalt

50 ml Wasser, kalt

Hülsenfrüchte zum Blindbacken

Füllung

400 ml Kokosmilch

200 g Zartbitterschokolade, 72 % Kakaoanteil

1 TL Zimt

2 EL Dattelsirup

1 Prise Salz

4 Blatt Gelatine

80 g Mandelblättchen

Mehl, Salz und Zucker in einer Schüssel mischen. Butter in Stücke schneiden und beigeben. Die Masse verreiben. Wasser dazugeben und vorsichtig zu einem weichen Teig zusammenfügen, dabei aber nicht kneten. Den Teig rund 1 Stunde kaltstellen.

Den Ofen auf 180 Grad (Umluft) vorheizen. Die Arbeitsfläche mit wenig Mehl bestäuben, den Teig ausrollen und in eine mit Backpapier ausgekleidete Tarteform legen. Überstehende Reste festdrücken oder abschneiden. Den Boden mehrmals mit der Gabel einstechen. Backpapier auf den Teig legen und Hülsenfrüchte darauf verteilen. In der Mitte des Ofens circa 20 Minuten blind backen. Form herausnehmen, Hülsenfrüchte und Backpapier entfernen und Teig abkühlen lassen.

Die Kokosmilch in einen Topf geben und langsam erwärmen. Die Zartbitterschokolade darin schmelzen. Zimt, Dattelsirup und Salz dazugeben und mit dem Schneebesen gut verrühren. Die Gelatine in eine Schale mit kaltem Wasser tauchen, bis sie weich wird, ausdrücken und in die Kokos-Schokolade-Milch geben. Kräftig rühren, damit sich die Gelatine vollständig auflöst.

Die Flüssigkeit von der Platte ziehen und abkühlen lassen. Wenn sie sich festigt, in die vorgebackene Form gießen und über Nacht kaltstellen.

Mandelblättchen ohne Fett in einer Pfanne rösten. Abkühlen lassen und über die Tarte streuen.

Eingelegte Feigen mit gerösteten Nüssen

Für 6 Personen

Rotwein mit Zucker aufkochen. Hitze reduzieren, Nelken, Zimtstange und Zitronenschale dazugeben und den Sud leicht köcheln lassen. Er sollte nicht kochen. Die Feigen in den Sud legen und bei schwacher Hitze 10 Minuten ziehen lassen. Die Feigen herausfischen und in sterilisierte Gläser geben. Um die Gläser zu sterilisieren, zuvor 10 Minuten auskochen. Den Sud durch ein Sieb in die Gläser füllen und sofort verschließen.

- 500 ml kräftiger Rotwein
- 50 g Zucker
- 5 Nelken
- 1 Zimtstange
- ½ unbehandelte Zitrone, Schale
- 500 g frische Feigen, halbiert

Mandelblättchen in einer Pfanne mit wenig Zucker karamelisieren. Beim Picknick Naturjoghurt in eine Schale geben, Feigen darauf platzieren und mit Mandelblättchen garnieren.

- 80 g Mandelblättchen
- etwas Zucker
- 800–900 g Naturjoghurt

Mandel-Schokoladen-Creme

Brotaufstrich für 6 Personen

- 1 Dose Kichererbsen
- 100 g geschälte Mandeln
- 100 g Zartbitterschokolade, 72 % Kakaoanteil
- 3–4 EL Mandelöl
- 100 ml Milch
- 4 EL Ahornsirup

Kichererbsen abgießen und abspülen. Mandeln in einer Pfanne rösten. Schokolade im Wasserbad schmelzen und kurz abkühlen lassen. Alle Zutaten in einen Standmixer geben und zu einer homogenen Creme mixen.

Ein Schraubglas heiß auswaschen und die Schokoladecreme abfüllen. Im Kühlschrank aufbewahren und innerhalb weniger Tage aufbrauchen.

Mohnstrudel

Für 6 Personen

Kartoffeln kochen und passieren. Mit Butter, Mehl, Zucker, Ei, Backpulver und Salz rasch zu einem glatten Teig verkneten. Den Teig circa 30 Minuten im Kühlschrank ruhen lassen.

Für die Füllung die Milch und den Zucker aufkochen und den Mohn einrühren. Circa 10 Minuten quellen lassen. Die übrigen Zutaten dazugeben und mischen.

Den Ofen auf 170 Grad (Umluft) vorheizen. Den Teig auf Frischhaltefolie dünn ausrollen und mit der Füllung bestreichen. Eng einrollen, mit Eigelb bestreichen und mit einer Gabel einige Male einstechen. Auf einem mit Backpapier ausgelegten Blech platzieren und in der Ofenmitte circa 45 Minuten backen.

Tipp: Vor dem Backen nochmals circa 30 Minuten kühlstellen. So behält der Strudel besser die gewünschte Form.

Teig

200 g mehligkochende Kartoffeln, geschält und gewürfelt

90 g Butter

200 g Mehl

90 g Zucker

1 Ei

½ TL Backpulver

1 Prise Salz

Füllung

125 ml Milch

75 g Zucker

175 g gemahlener Mohn

1 EL Honig

3 EL Aprikosenkonfitüre

½ TL Zimt

20 ml Rum (Sorte Stroh 80 Rum)

1 Eigelb zum Bestreichen

Windbeutel mit Maronenfüllung

Ergibt circa 20 Stück

Brandteig

250 ml Wasser
60 g Butter
1 Prise Salz
200 g Mehl, gesiebt
4 Eier

Füllung

400 g Maronenpüree
2 EL Vanillezucker
5 EL Mascarpone

Puderzucker zum Bestäuben

Den Ofen auf 160 Grad (Umluft) vorheizen. Wasser und Butter mit Salz aufkochen. Das Mehl auf einmal hineinschütten und kräftig rühren, bis sich der Teig als Ganzes vom Topfboden löst. Den Teig in einer Schüssel etwas abkühlen lassen. Eier verquirlen und löffelweise in die Masse rühren. Der Teig soll glänzend goldgelb sein und «schwer reißend» vom Löffel fallen.

Den Teig in Spritzbeutel füllen und kleine Windbeutel auf ein mit Backpapier belegtes Blech spritzen. Das Blech in die Ofenmitte schieben und die Windbeutel 20 Minuten backen. Die Ofentür vorsichtig öffnen, Windbeutel herausnehmen und abkühlen lassen. Wichtig: Während des Backens darf die Ofentür nicht geöffnet werden.

Alle übrigen Zutaten miteinander vermengen und in einen Spritzbeutel füllen. Die Füllung mit einer dünnen, spitzen Tülle in die Windbeutel spritzen. Mit Puderzucker bestäuben.

Getrocknete Apfelringe

Den Ofen auf 60 Grad (Umluft) vorheizen. Die Äpfel in 4 mm dicke Ringe schneiden und kurz in ein Bad aus Wasser, Zitronensaft und Salz einlegen. Gut abtupfen, mit Zimt bestreuen und auf mehreren mit Backpapier ausgelegten Blechen auslegen. 3 Stunden dörren. Dazu einen Holzkochlöffel in die Ofentür klemmen, damit die Feuchtigkeit entweichen kann. Die Apfelringe einige Male wenden.

8 mittelgroße säuerliche Äpfel (Sorte Boskop), entkernt

1 Zitrone, Saft

½ TL Salz

500 ml Wasser

½ TL Zimt

Rotweingugelhupf

Für 8 Personen

Teig

250 g Butter, weich
250 g Zucker
5 Eigelb
100 g Walnüsse, gemahlen
100 g Zartbitterschokolade, 72 % Kakaoanteil
300 g Mehl
1 EL ungesüßtes Kakaopulver
100 ml Rotwein
1 TL Backpulver
1 TL Zimt
1 Prise Nelkenpulver
1 Prise Salz

Glasur

etwas Rotwein
150 g Kuvertüre (Zartbitter)

Den Ofen auf 160 Grad (Umluft) vorheizen. Schokolade im Wasserbad schmelzen und leicht abkühlen lassen. Butter mit Zucker schaumig rühren und das Eigelb nach und nach beigeben. Nüsse, Schokolade, Mehl und die übrigen Zutaten unterheben. Teig in eine gut gefettete und mit Mehl bestäubte Gugelhupfform geben. In der Ofenmitte circa 55 Minuten backen. Den Gugelhupf nach dem Backen komplett abkühlen lassen und dann stürzen.

Für die Glasur den Gugelhupf mit Rotwein bestreichen. Die Schokolade im Wasserbad langsam schmelzen und den Gugelhupf damit überziehen.

Nuss-Schokoladen-Splitter

Ergibt circa 35 Stück

Butter erwärmen und die Mandelstifte darin leicht rösten. Die Schokolade in einem Wasserbad langsam schmelzen. Die warmen Mandeln mit der geschmolzenen Schokolade vermengen. Mit einem Teelöffel Mandelhäufchen auf ein Backpapier geben und trocknen lassen.

etwas Butter

200 g Mandelstifte

200 g Zartbitterschokolade, 72 % Kakaoanteil

Süßkartoffelpie

Für 4-6 Personen / Tarteform Durchmesser 24 cm

Topping

1 Dose gezuckerte Kondensmilch

150 g Mandeln, gehackt

100 ml Sahne

Teig

150 g Mehl

¼ TL Salz

½ TL Zimt

40 g Zucker

75 g Butter, kalt

40 ml Wasser, kalt

Füllung

250 g Süßkartoffeln, geschält und gewürfelt

30 g Butter, weich

50 g Vollrohrzucker

1 Prise Salz

1 TL Zimt

½ TL Nelkenpulver

5 g Ingwer, geschält und gerieben

20 g Maisstärke

50 g Magerquark

2 Eier

Die verschlossene Dose gezuckerte Kondensmilch in einen Topf geben und mit Wasser bedecken. Das Wasser zum Kochen bringen. Die Hitze reduzieren und 2 Stunden leicht köcheln lassen. Zwischendurch nach Bedarf Wasser nachschütten. Die Dose sollte immer bedeckt sein.

In der Zwischenzeit den Teig ansetzen. Mehl, Salz, Zimt und Zucker in einer Schüssel mischen. Butter in Stücke schneiden und beigeben. Die Masse verreiben. Wasser dazugeben und vorsichtig zu einem weichen Teig zusammenfügen, dabei aber nicht kneten. Den Teig rund 1 Stunde kaltstellen.

Für die Füllung die Süßkartoffeln in kochendem Wasser rund 20 Minuten weichkochen, abschütten, abtropfen und mit Butter, Zucker, Salz, Zimt, Nelken, Ingwer und Maisstärke zu einem Püree mixen. Magerquark unterrühren. Ein Ei nach dem anderen in die Masse geben und gründlich mischen, bis eine cremige Konsistenz entsteht.

Die Arbeitsfläche mit wenig Mehl bestäuben, den Teig ausrollen und in eine runde, mit Backpapier ausgekleidete Tarteform legen. Überschüssigen Teig am Rand einklappen und festdrücken oder abschneiden. Kann zur Dekoration genutzt werden. Mit der Gabel den Teigboden mehrmals einstechen.

Den Ofen auf 180 Grad (Umluft) vorheizen. Süßkartoffelmasse in die Teigform gießen und verteilen. Wenn nötig glattstreichen. Den Pie in der unteren Hälfte des Ofens für 40 Minuten backen. Herausnehmen und abkühlen lassen.

Die Kondensmilch vorsichtig aus dem Wasser nehmen und abkühlen lassen. Erst wenn sie vollständig ausgekühlt ist, darf die Dose geöffnet werden. Mandeln in einer Pfanne rösten. Sahne in einem Topf erwärmen, Inhalt der Dose dazugeben und gut vermengen. Nun die Nüsse dazugeben.

Die Karamell-Nuss-Masse auf dem Süßkartoffelpie verteilen und erkalten lassen.

Herbstgetränke

Pumpkin-Spice-Latte

Für 4 Personen

Den Ofen auf 200 Grad (Umluft) vorheizen. Den Kürbis in Spalten schneiden und auf einem mit Backpapier belegten Blech in der Mitte des Ofens rund 30 Minuten backen. Den weichen Kürbis herausnehmen und mit einem Stabmixer zusammen mit den Gewürzen und dem Agavendicksaft zu einem geschmeidigen Püree verarbeiten. Das Püree kurz vor dem Picknick zubereiten, damit es gut verpackt noch warm bleibt.

Milch und Sahne erhitzen und mit dem frisch gebrühten Espresso mischen. Wer mag, kann die Flüssigkeit noch zusätzlich schaumig aufschlagen. Anschließend heiß in eine gut isolierende Thermoskanne gießen, damit die Milch bis zum Picknick möglichst warm bleibt.

Vor Ort das Kürbispüree gleichmäßig auf 4 Gläser verteilen und mit der Milch aufgießen.

Kürbispüree

300 g Kürbis (Sorte Butternut), geschält und entkernt

1 TL Ingwer, gemahlen

1 TL Zimt

¼ TL Nelkenpulver

¼ TL Muskat

2 EL Agavendicksaft

700 ml Milch

100 ml Sahne

200 ml Espresso

Birnen-Vanille-Bellini

Für 4 Personen

800 g Birnen (Sorte Williams), geschält, entkernt und gewürfelt

1 Zitrone, Saft

1 unbehandelte Zitrone, Schale

1 Vanilleschote, Mark und Schote

6 EL Ahornsirup

300 ml Wasser

1 Flasche Prosecco oder Champagner

Die Zutaten bis und mit Wasser in einen Topf geben und circa 10 Minuten kochen, bis die Birnenstücke weich sind. Vanilleschote und Zitronenschale entfernen. Mit einem Stabmixer pürieren und abkühlen lassen.

Das Püree auf 4 Gläser verteilen und mit Schaumwein aufgießen.

Apfelpunsch

Für 6 Personen

Die Äpfel mit wenig Wasser und Zitronensaft circa 15 Minuten weichkochen, Hitze reduzieren. Früchtetee und Gewürze dazugeben, 5 Minuten leicht köcheln und mit Agavendicksaft süßen. Die Nelken und die Zimtstange entfernen und den Rum untermischen. Den Punsch heiß in eine gut isolierende Thermoskanne füllen, damit er transportiert werden kann und heiß bleibt.

500 g Äpfel, entkernt und gewürfelt

½ Zitrone, Saft

800 ml Früchtetee

1 Zimtstange

5 Nelken

5 EL Agavendicksaft

50 ml Rum (Sorte Stroh 80 Rum)

Gespritzter Apfel-Quitten-Saft

Ergibt circa 1 Liter

500 g Quitten, Flaum abgerieben, entkernt und gewürfelt

500 g Apfel, entkernt und gewürfelt

1 Zitrone, Saft

Wasser

3 EL Agavendicksaft

Mineralwasser mit Kohlensäure

Quitten und Äpfel in einem Topf knapp mit Wasser bedecken, Zitronensaft und Agavendicksaft dazugeben und zugedeckt rund 45 Minuten kochen, bis die Früchte weich sind. Das Kompott mit einem Stabmixer pürieren und abkühlen lassen. Das Fruchtpüree durch ein sauberes Passiertuch pressen und den konzentrierten Saft in einem Topf auffangen. Diesen noch einmal mit circa 300 ml Wasser aufkochen und nach Bedarf nachsüßen. Den Saft noch heiß in sterilisierte Flaschen gießen, sofort verschließen und kaltstellen. Um die Flaschen zu sterilisieren, zuvor 10 Minuten in einem großen Topf auskochen.

Vor dem Trinken gut schütteln und mit Mineralwasser verdünnen.

Teemischung

Ergibt circa 150 g

- 1 unbehandelte Orange, Schale, in feinen Streifen
- 4 EL Cranberrys, getrocknet und gezuckert
- 1 Apfel, gewaschen und fein gewürfelt
- 10 g Ingwer, geschält und fein gewürfelt
- 1 TL Kardamomkapseln
- 1 Zimtstange, geschnitten
- 10 Nelken
- 50 g Schwarztee (Sorte Assam)

Alle Zutaten bis und mit dem Ingwer im Ofen 3 Stunden bei 60 Grad (Umluft) dörren. Dazu einen Holzkochlöffel in die Ofentür schieben, damit die Feuchtigkeit entweichen kann. Das Blech herausnehmen und auskühlen lassen. Die Gewürze in einem Mörser grob zerstoßen, mit den getrockneten Früchten und dem Tee in eine gut verschließbare Dose geben und mischen.

Bei der Zubereitung den Tee 2–3 Minuten ziehen lassen und nach Bedarf mit Honig süßen.

Herzhafte Winterrezepte

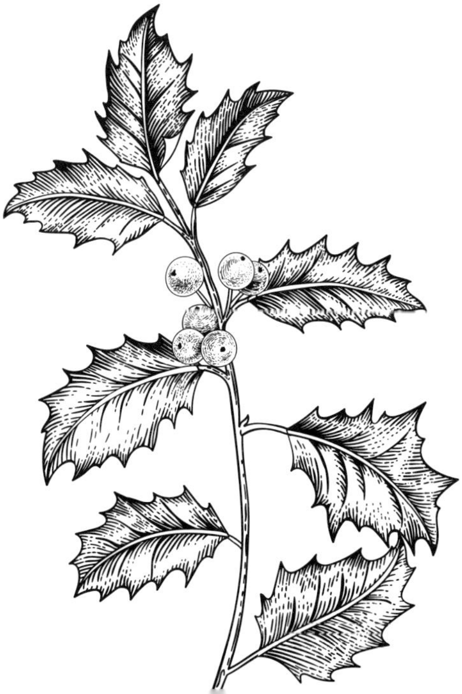

Selleriecremesuppe

Für 4 Personen

In einem Topf Schalotte, Knoblauch und Sellerie im Öl anschwitzen. Mit Weißwein ablöschen und kurz einkochen. Mit Bouillon aufgießen und auf niedriger Hitze köcheln lassen.

Wenn der Sellerie weich ist, mit dem Stabmixer pürieren und Sahne dazugeben. Aufkochen und mit Salz und Pfeffer abschmecken. In eine gut isolierende Thermoskanne füllen. So lässt sich die Suppe transportieren und bleibt warm.

1 Schalotte, geschält und gehackt

1 Knoblauchzehe, gepresst

400 g Knollensellerie, geschält und in Stücke geschnitten

2 EL Sonnenblumenöl

100 ml Weißwein

600 ml Bouillon

100 ml Sahne

Salz und Pfeffer

Kartoffel-Apfel-Suppe

Für 4 Personen

1 Schalotte, geschält und gehackt

1 Knoblauchzehe, gepresst

500 g mehligkochende Kartoffeln, geschält und in kleine Würfel geschnitten

2 süß-säuerliche Äpfel, geschält, entkernt und in kleine Würfel geschnitten

2 EL Butter

600 ml Bouillon

100 ml Sahne

Salz und Pfeffer

½ Bund glatte Petersilie, gehackt

Schalotte, Knoblauch, Kartoffeln und Äpfel in Butter dünsten und mit Bouillon und Sahne aufgießen. Etwa 30 Minuten bei geringer Hitze köcheln lassen. Mit dem Stabmixer fein pürieren und mit Salz und Pfeffer abschmecken. Petersilie dazugeben. In eine gut isolierende Thermoskanne füllen. So lässt sich die Suppe transportieren und bleibt warm.

Grünkohlpie

Für 6 Personen / Quicheform Durchmesser circa 28 cm

Teig

225 g Mehl

1 TL Salz

150 g Butter, kalt und in Stücke geschnitten

1 Ei

Hülsenfrüchte zum Blindbacken

Füllung

1 Schalotte, geschält und gehackt

1 Knoblauchzehe, gepresst

2 EL Olivenöl

300 g Grünkohl, von harten Stielen befreit und in Streifen geschnitten

150 g Lauch, gründlich gewaschen und in Ringe geschnitten

250 g Frischkäse

150 g kräftiger Hartkäse, z. B. Gruyère, gerieben

1 Ei

Für den Teig Mehl, Salz und Butterstücke mit den Fingern vermengen. Ein Ei dazuschlagen und zu einem Teig verkneten. In Frischhaltefolie wickeln und 1 Stunde im Kühlschrank ruhen lassen.

Den Ofen auf 180 Grad (Umluft) vorheizen. Den Teig aus dem Kühlschrank nehmen und mit wenig Mehl auf Backpapier zu einem 5 mm dünnen Teig rund ausrollen. Den Teig mit dem Backpapier in die Form legen und überstehende Reste festdrücken oder abschneiden. Den Boden mehrmals mit der Gabel einstechen. Backpapier auf den Teig legen und Hülsenfrüchte darauf verteilen. In der Mitte des Ofens 15 Minuten blind backen. Hülsenfrüchte entfernen und weitere 5 Minuten backen.

Für die Füllung Schalotte und Knoblauch in Olivenöl anschwitzen. Grünkohl und Lauch dazugeben und dünsten, bis das Gemüse weich ist. Frischkäse und Käse dazugeben. Die Masse in eine Schüssel füllen, kurz abkühlen lassen und ein Ei hineinschlagen.

Den Teig aus dem Ofen nehmen, Hülsenfrüchte und Backpapier entfernen. Den Teig kurz abkühlen lassen. Die Füllung auf dem Teigboden verteilen. Den Pie zurück in den Ofen schieben und etwa 30 Minuten backen.

Krautsalat mit Äpfeln und Nüssen

Für 4 Personen

Weißkohl, Zwiebeln und Äpfel miteinander vermengen.

Für das Dressing die Zutaten bis und mit Honig in einer Schüssel mit dem Schneebesen zügig verrühren und mit Salz und Pfeffer abschmecken. Das Dressing über die Krautmischung schütten, gründlich vermengen und noch einmal mit Salz und Pfeffer abschmecken.

Den Salat bis zum Picknick abgedeckt 30 Minuten ziehen lassen. Pekannüsse darüberstreuen.

700 g Weißkohl (vom Strunk befreit), gewaschen und in feine Streifen geschnitten

1 kleine Zwiebel, geschält und gehackt

2 säuerliche Äpfel (Sorte Granny Smith), gewaschen und in kleine Stücke geschnitten

Dressing

4 EL Sonnenblumenöl

4 EL Kräuteressig

1 EL Senf

1 EL Honig

Salz und Pfeffer

100 g Pekannüsse

Chutney aus Dörrfrüchten

Für 4–6 Personen

1 Zwiebel, geschält und gehackt

1 Knoblauchzehe, gepresst

2 EL Olivenöl

60 g getrocknete Datteln, entsteint und in kleine Stücke geschnitten

60 g getrocknete Feigen, in kleine Stücke geschnitten

60 g getrocknete Aprikosen, in kleine Stücke geschnitten

1 Chilischote, gewaschen und gehackt

50 g brauner Zucker

½ TL Zimt

50 ml dunkler Aceto balsamico

500 ml Wasser

Salz und Pfeffer

Zwiebel und Knoblauch in Olivenöl anschwitzen. Trockenfrüchte und Chilischote dazugeben und kräftig rühren. Zucker darüberstreuen, Zimt hinzufügen und mit Aceto balsamico ablöschen.

Mit Wasser auffüllen und rund eine Stunde bei mittlerer Hitze einkochen. Mit Salz und Pfeffer abschmecken. In ein sterilisiertes Glas füllen, sofort gut verschließen und auskühlen lassen. Um die Gläser zu sterilisieren, zuvor 10 Minuten auskochen.

Das Chutney passt gut zu würzigem Hart- und Halbhartkäse.

Linsensalat mit Orangendressing

Für 4–6 Personen

300 g braune Linsen

70 g Karotten, geschält und fein gewürfelt

1 rote Zwiebel, geschält und gehackt

1 Orange, geschält und in kleine Stücke geschnitten

¼ Bund krause Petersilie, gezupft

Salz und Pfeffer

Dressing

2 EL Olivenöl

1 Orange, Saft

1 TL Senf

1 TL Apfelessig

1 Knoblauchzehe, gepresst

Salz und Pfeffer

Die Linsen in einem Sieb waschen. In einen Topf geben und 15–20 Minuten bissfest kochen. Das Wasser nicht salzen. Das Wasser abschütten und die Linsen abtropfen lassen.

Die Karotten, Zwiebeln, Orange und Petersilie mit den Linsen vermengen. Mit Salz und Pfeffer würzen.

Die Zutaten für das Dressing mischen und mit Salz und Pfeffer kräftig abschmecken. Das Dressing über den Linsensalat geben. Alles gut vermengen und zugedeckt rund 30 Minuten ziehen lassen. Noch einmal vermengen und final abschmecken.

BBQ-Pulled-Chicken-Sandwich

Für 4–6 Personen

BBQ-Paste

- 4 TL gemahlene Zwiebeln
- 4 TL Paprikapulver edelsüß
- 4 TL Smoked Paprikapulver
- 4 EL Dattelsirup
- 2 TL Salz
- 2 EL Whisky
- 2 TL Worcestershiresauce
- 6 EL Sonnenblumenöl
- 3–4 Knoblauchzehen, geschält und gepresst

- 500 g Hühnchenbrust
- 150 ml Wasser
- 4 Brötchen
- süß-sauer eingelegte Gurken, in Scheiben geschnitten

Den Ofen auf 180 Grad (Umluft) vorheizen. Alle Zutaten für die Paste miteinander vermengen.

Die Hühnchenbrust mit einem Messer vorsichtig einritzen, in eine Ofenform legen und die Paste gründlich ins Fleisch einmassieren. Wasser dazugeben. Die Form in den Ofen schieben. Nach 30 Minuten herausnehmen und das Hühnchen mit der Flüssigkeit aus der Form übergießen. Weitere 15 Minuten garen. Herausnehmen, noch einmal wenden und für weitere 15 Minuten in den Ofen schieben. Herausnehmen und das Fleisch mit zwei Gabeln auseinanderziehen.

Die Brötchen halbieren. Eine Brötchenhälfte an der geraden Seite vorsichtig aufschneiden, sodass eine Brottasche entsteht. Mit 2–3 Löffeln Pulled Chicken füllen. Je 3 Gurkenscheiben in die Brottasche schieben.

Rote-Bete-Mousse mit Meerrettich

Für 6 Personen

500 g Rote Bete, gekocht und geschält
4–5 EL geriebener Meerrettich
2 EL Crème fraîche
2 EL Sahne
Salz und Pfeffer

Alle Zutaten bis und mit Sahne in einen Standmixer geben oder mit dem Stabmixer fein pürieren. Mit Salz und Pfeffer abschmecken. In ein sterilisiertes Glas füllen und sofort gut verschließen. Um die Gläser zu sterilisieren, zuvor 10 Minuten in einem großen Topf auskochen.

Ruchbrot

Ergibt 2 Laibe

500 g Weizenmehl
500 g Roggenmehl
42 g frische Hefe
1 EL Zucker
680 ml Wasser, lauwarm
20 g Salz

50 g Speckwürfel
50 g Sonnenblumenkerne

Für den Teig Weizen- und Roggenmehl in eine Schüssel geben. In der Mitte eine Mulde formen. Hefe in kleinen Stücken zugeben und mit 1 EL Zucker bestreuen. ⅓ des Wassers mit der Hefe in der Mehlmulde anrühren und an einem warmen Ort zugedeckt circa 15 Minuten ruhen lassen. Das restliche Wasser und Salz dazugeben und mit einem Knethaken alles gut verkneten. An einem warmen Ort zugedeckt 1 Stunde ruhen lassen. Nach der Ruhezeit noch einmal gut durchkneten.

Speckwürfel in der Pfanne anbraten und abkühlen lassen. Den Speck und die Sonnenblumenkerne in den Teig einarbeiten. 2 Laibe formen und noch einmal für 10 Minuten ruhen lassen.

Den Ofen auf 200 Grad (Umluft) vorheizen. Die Laibe mit Wasser besprühen und für 45 Minuten in der Ofenmitte backen.

Pikante Buchteln

Ergibt 12 Buchteln

Teig

500 g Mehl
42 g frische Hefe
2 EL Zucker
250 ml Milch, lauwarm

40 g Butter, weich
2 Eier
1 TL Salz

Füllung

300 g Hackfleisch (Rind)
1 Schalotte, geschält und fein gehackt
¼ Bund krause Petersilie, fein gehackt
1 TL Paprikapulver
Salz und Pfeffer

1 EL Rapsöl
1 Eigelb zum Bestreichen
schwarzer Sesam zum Bestreuen

Für den Teig das Mehl in eine Schüssel geben. In der Mitte eine Mulde formen. Hefe in kleinen Stücken zugeben und mit 1 EL Zucker bestreuen. ⅓ der Milch mit der Hefe in der Mehlmulde anrühren und an einem warmen Ort zugedeckt circa 15 Minuten ruhen lassen.

Butter, Eier, restlichen Zucker und Salz mit der übrigen Milch verquirlen und mit dem Vorteig mischen. Alles zu einem glatten Hefeteig verarbeiten. Zugedeckt an einem warmen Ort 1 Stunde aufgehen lassen.

Alle Zutaten für die Füllung mit wenig Öl in einer Pfanne anbraten, mit Salz und Pfeffer abschmecken und abkühlen lassen.

Den Ofen auf 180 Grad (Umluft) vorheizen. Hefeteig nochmals mit den Händen gut durchkneten und in 12 gleich große Portionen teilen. Jede Teigportion zu einer Kugel formen, anschließend flach ausrollen. In der Mitte der Fläche jeweils einen Esslöffel der Füllung platzieren und den Teig umklappen, Buchteln so verschließen. Die gefüllten Teigkugeln in einer gefetteten Ofenform anordnen. Mit Eigelb bestreichen und mit schwarzem Sesam bestreuen. Die Buchteln circa 20 Minuten in der Ofenmitte backen.

Süße Winterrezepte

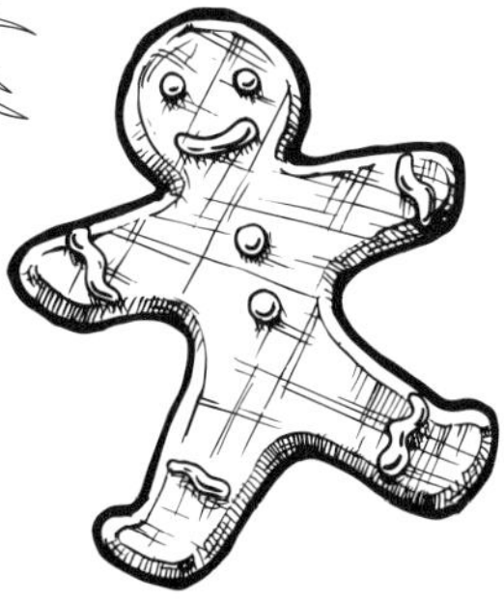

Kokoscookies

Ergibt circa 15 Cookies

100 g Mehl
100 g Rohrzucker
100 g Kokosraspeln
100 g geriebene Mandeln
30 g Leinsamen
1 TL Backpulver
130 g Butter
2 EL Ahornsirup

Den Backofen auf 170 Grad (Umluft) vorheizen. Mehl, Zucker, Kokosraspeln, Mandeln, Leinsamen und Backpulver mischen. Butter und Ahornsirup in einer Pfanne erwärmen und verrühren. Die flüssige und trockene Masse miteinander vermengen, bis alles gut verbunden ist.

Den Teig in gleichmäßige Portionen teilen, mit angefeuchteten Fingern vorsichtig Cookies formen und diese auf einem mit Backpapier belegten Backblech platzieren. Die Cookies gehen im Ofen auf, deshalb lieber in zwei Schichten backen und auf dem Blech genügend Platz lassen.

Die Cookies circa 12 Minuten backen, herausnehmen und auf einem Gitter vollständig abkühlen lassen.

Müsliriegel

Ergibt circa 20 Müsliriegel

100 g Cranberrys, gehackt
100 g Datteln, gehackt
150 g grobe Haferflocken
100 g Sonnenblumenkerne
50 g Leinsamen

50 g Butter
100 g flüssiger Honig
50 g Rohrzucker
1 TL Zimt
1 Prise Salz
1 Eiweiß

Den Ofen auf 160 Grad (Umluft) vorheizen. Trockenobst mit Haferflocken, Kernen und Samen mischen.

Die Butter in einem Topf schmelzen, Honig, Zucker, Zimt und Salz dazugeben und die Masse abkühlen lassen. Eiweiß verquirlen und dazugeben. Die feuchte Masse mit der trockenen vermengen und alles auf ein mit Backpapier ausgelegtes Blech streichen. Eine zusätzliche Schicht Backpapier auf der Masse erleichtert das gleichmäßige Ausstreichen. Die Masse soll circa 1½ cm dick sein.

Das obere Backpapier entfernen und die Masse rund 30 Minuten backen. Herausnehmen und noch warm in Riegel schneiden. Vom Blech nehmen und auf einem Gitter abkühlen lassen.

Apfelstrudel

Für 6 Personen

Strudelteig (siehe Seite 102)

Füllung

150 g Butter

150 g Semmelbrösel

1 kg säuerliche Äpfel (Sorte Boskop), entkernt und in Scheiben geschnitten

100 g Zucker

2 EL Vanillezucker

1 unbehandelte Zitrone, Saft und Abrieb

½ TL Zimt

80 g gemahlene Haselnüsse, geröstet

1 Eigelb zum Bestreichen

3 EL Puderzucker zum Bestäuben

Strudelteig zubereiten (siehe Seite 102). Eine Schale mit heißem Wasser vorwärmen. Die Teigkugel mit wenig Öl bestreichen und die warme Schüssel darüberstülpen. 30 Minuten ruhen lassen. Ein sauberes Tuch ausbreiten und dieses mit wenig Mehl bestäuben. Den Teig darauf erst mit dem Nudelholz ausrollen, später vorsichtig mit den Handballen ziehen, bis er beinahe transparent ist.

50 g Butter in der Pfanne schmelzen, die Semmelbrösel beimengen und goldbraun braten. Von der Platte ziehen und auskühlen lassen. Die Apfelscheiben mit Zucker, Vanillezucker, Zitronensaft und -abrieb, Zimt, den gemahlenen Haselnüssen und der Hälfte der Semmelbrösel mischen.

Den Ofen auf 180 Grad (Umluft) vorheizen.

Die restliche Butter in einem Topf schmelzen und beiseitestellen. Den ausgewallten Teig in 4 gleich große Teigblätter teilen. Ein sauberes, trockenes Geschirrtuch ausbreiten und das erste Teigblatt darauflegen. Großzügig mit der flüssigen Butter bestreichen. Das zweite Teigblatt darüberlegen und ebenfalls mit flüssiger Butter bestreichen. 1–2 Teelöffel Semmelbrösel darauf verteilen. Die Apfelmischung auf dem ersten Drittel der Teigblätter gleichmäßig in einer Linie verteilen. Das dritte Teigblatt darüberlegen. Mit flüssiger Butter bestreichen. Das vierte Teigblatt darüberlegen und mit flüssiger Butter bestreichen. Den Teig mithilfe des Tuchs zu einer etwas dickeren Rolle formen.

Den Strudel vorsichtig auf ein mit Backpapier ausgelegtes Backblech legen, in Form bringen und mit dem Eigelb bestreichen. In der Ofenmitte rund 45 Minuten backen. Wenn der Strudel nach kurzer Zeit zu bräunen beginnt, ihn mehrmals mit flüssiger Butter bestreichen.

Den Apfelstrudel herausnehmen, mit Puderzucker bestäuben und abkühlen lassen.

Linzerschnitten

Ergibt 1 Backblech

Teig

450 g Mehl
360 g geriebene Mandeln
270 g Puderzucker
½ TL Backpulver
5 Eigelb
330 g Butter
1 TL Zimt
1 TL Kakaopulver
1 Prise Nelkenpulver
1 Prise Salz

300 g Johannisbeerkonfitüre
1 Eigelb zum Bestreichen
Mandelblättchen zum Bestreuen

etwas Puderzucker zum Bestreuen

Mehl, Mandeln, Puderzucker und Backpulver auf die Arbeitsfläche geben. In der Mitte eine Mulde formen und das verquirlte Eigelb hineinschütten. Butter in Flocken rundherum verteilen. Die restlichen Zutaten für den Teig hinzufügen und alles rasch zu einem Teig verarbeiten. Zugedeckt eine Stunde ruhen lassen.

Den Ofen auf 170 Grad (Umluft) vorheizen. Die Hälfte des Teigs ausrollen und auf einem mit Backpapier ausgelegten Backblech platzieren. Den Teig mit Johannisbeerkonfitüre bestreichen. Aus der anderen Teighälfte Röllchen formen und gitterartig auf die Konfitüre legen. Das Gitter mit Eigelb bestreichen und mit Mandelblättchen bestreuen.

Das Blech für 40 Minuten in die Mitte des Ofens schieben. Herausnehmen und den Kuchen auf dem Blech abkühlen lassen. Am besten einen Tag abgedeckt ruhen lassen, erst dann mit Puderzucker bestäuben und in Schnitten schneiden.

Pekanpie

Für 4-6 Personen / Tarteform Durchmesser 24 cm

Mehl, Salz, Zimt und Zucker in einer Schüssel mischen. Butter in Stücke schneiden und beigeben. Die Masse verreiben. Wasser dazugeben und vorsichtig zu einem weichen Teig zusammenfügen, dabei aber nicht kneten. Den Teig rund 40 Minuten kaltstellen.

Den Ofen auf 180 Grad (Umluft) vorheizen. Den Teig auf einem Backpapier mit wenig Mehl circa 4 mm ausrollen. Den Teig mit dem Backpapier in die Form legen, den überschüssigen Rand festdrücken oder abschneiden.

Für die Füllung die Butter schmelzen und beiseitestellen. Die Nüsse auf einem Brett hacken. In einer Schüssel Zucker, Salz, Zimt, Vanillepaste und Wasser vermengen, bis sich eine geschmeidige Masse ergibt. Eier aufschlagen und dazugeben. Die flüssige Butter in die Masse gießen und gut vermengen. Alles auf dem Teigboden verteilen. Den Pie in die Mitte des Ofens schieben und rund 35 Minuten goldbraun backen. Vorsicht, dass die Nüsse nicht verbrennen. Herausnehmen und abkühlen lassen.

Beim Picknick mit Crème double servieren.

Teig

150 g Mehl
¼ TL Salz
½ TL Zimt
40 g Zucker
75 g Butter, kalt
40 ml Wasser, kalt

Füllung

50 g Butter
250 g Pekannüsse
200 g Rohrzucker
½ TL Salz
½ TL Zimt
1 TL Vanillepaste
50 ml Wasser
3 Eier

Crème double oder Crème fraîche, nach Belieben

Vanillekipferl

Ergibt circa 80 Stück

200 g Mehl
80 g Puderzucker
180 g Butter, zimmerwarm
100 g Nüsse oder Mandeln, gemahlen
1 Vanilleschote, Mark
1 Prise Salz
2 Eigelb

Puderzucker, zum Wenden

Mehl, Puderzucker, Butter, Nüsse, ausgekratztes Mark der Vanilleschote, Salz und Eigelb zügig zu einem geschmeidigen Teig vermengen. Den Teig zu einer Rolle formen, in Frischhaltefolie einpacken und mindestens eine Stunde kaltstellen.

Den Ofen auf 160 Grad (Umluft) vorheizen. Die Arbeitsfläche mit Mehl bestäuben. Den Teig portionenweise zu fingerdicken Röllchen formen. Die Röllchen in circa 5 cm lange Stücke schneiden und zu kleinen Kipferln biegen.

Die Kipferl in der Mitte des Ofens 10–12 Minuten goldgelb backen. Kipferl herausnehmen und leicht abkühlen lassen. Noch warm vorsichtig im Puderzucker wenden.

Spritzgebäck

Ergibt circa 30 Stück

150 g Butter, Zimmerwarm
125 Puderzucker
2 Eier
110 g Mehl
1 EL ungesüßter Kakao

100 g Aprikosenkonfitüre
50 g dunkle Kuvertüre
2 EL Hanf- oder Sesamsamen

Den Ofen auf 160 Grad (Umluft) vorheizen. Butter und Puderzucker verrühren. Eier dazugeben und schaumig schlagen. Mehl und gesiebten Kakao unterheben. Masse in einen Spritzsack mit glatter Tülle füllen. Blech mit Backpapier belegen. Kleine Häufchen auf das Backpapier dressieren und im Ofen rund 15 Minuten backen.

Gebäck abkühlen lassen. Die Unterseiten des Gebäcks mit Konfitüre bestreichen und jeweils zwei zusammenfügen. Die Kuvertüre im Wasserbad schmelzen und das Gebäck zur Hälfte hineintauchen. Mit Hanf- oder Sesamsamen verzieren und Kuvertüre vollständig erkalten lassen.

Bratäpfel

Ergibt 6 Bratäpfel

- 6 Äpfel (Sorte Braeburn)
- 10 EL Preiselbeerkonfitüre
- 50 g Haselnüsse oder Walnüsse, gemahlen
- 1 TL Zimt
- 1 Prise Nelken, gemahlen
- 1 EL Vanillezucker
- 200 ml Apfelsaft
- Butter und Zucker für die Backform

Den Ofen auf 180 Grad (Umluft) vorheizen. Äpfel waschen und mit einem Apfelentkerner aushöhlen – dabei darauf achten, dass der Boden der Äpfel nicht durchstoßen wird. Preiselbeeren, Nüsse, Gewürze und Vanillezucker mischen und die Äpfel damit füllen. Eine Ofenform mit Butter ausstreichen, etwas Zucker dazugeben. Apfelsaft in die Form füllen und Äpfel darin platzieren. In den Ofen schieben und 45 Minuten garen.

Lebkuchen-Cupcakes

Ergibt 12 Cupcakes

200 g Mehl
150 g Zucker
1 TL Backpulver
1 Prise Salz
1 TL Sternanis, gemahlen
1 TL Ingwer, gemahlen
1 TL Nelkenpulver
3 TL Zimt

100 g Butter
100 g Zartbitterschokolade, 72 % Kakaoanteil
100 ml Milch
3 Eier

Frosting

50 g Butter
100 g Zartbitterschokolade, 72 % Kakaoanteil
50 g Zucker
2 TL Zimt
1 TL Nelkenpulver
250 g Frischkäse

Den Ofen auf 180 Grad (Umluft) vorheizen. Die trockenen Zutaten bis und mit dem Zimt vermengen.

Butter und Schokolade in einer Pfanne langsam schmelzen, gut verrühren, beiseitestellen und abkühlen lassen. Butter-Schokolade-Mischung mit Milch und Eiern verrühren und zu den trockenen Zutaten geben. Alles zu einem glatten Teig verarbeiten. Papierförmchen in einer Cupcakeform platzieren und den Teig (jeweils 2 großzügige Esslöffel) auf die Förmchen verteilen.

Die Cupcakes 18 Minuten in der Ofenmitte backen. Herausnehmen und mit einem Zahnstocher in die Mitte stechen. Bleibt Teig daran haften, müssen sie noch einmal für 2 Minuten in den Ofen. Die Cupcakes herausnehmen und etwas abkühlen lassen, aus der Form nehmen und komplett abkühlen lassen.

Für das Frosting Butter und Schokolade in einer Pfanne langsam schmelzen, gut verrühren, beiseitestellen und abkühlen lassen. Zucker mit den Gewürzen mischen und in die Butter-Schokolade-Mischung geben. Mit dem Handrührgerät zu einer geschmeidigen Masse schlagen, nach und nach den Frischkäse dazugeben. In einen Spritzsack mit gezackter Tülle füllen und Cupcakes damit verzieren. Bis zum Picknick kühlstellen.

Gebrannte Haselnüsse

Für 4 Personen

300 g Zucker

1 ½ TL Zimt

400 g geschälte Haselnüsse

200 ml Wasser

Zucker und Zimt mischen. Haselnüsse, Zucker-Zimt-Mischung und Wasser in eine beschichtete Pfanne geben und aufkochen, ohne zu rühren. Hitze reduzieren, gelegentlich rühren, rund 10 Minuten köcheln lassen. Das Wasser soll verdampfen und der Zucker trocknen. Weitere 10 Minuten weiterrühren, bis der Zucker wieder schmilzt. Die Nüsse auf einem mit Backpapier belegten Blech abkühlen lassen.

Wintergetränke

Glühwein

Ergibt circa 1 Liter

- 5 Kardamomkapseln
- 1 Zimtstange
- 1 EL Nelken
- 700 ml fruchtiger Rotwein
- 300 ml Portwein
- 50 g Zucker
- 1 unbehandelte Orange, Schale

Die Kardamomkapseln im Mörser zerdrücken. Die trockenen Gewürze in einem Topf vorsichtig erwärmen, damit sich die Aromen entfalten. Mit Wein ablöschen und die restlichen Zutaten dazugeben. Die Flüssigkeit 20 Minuten leicht köcheln lassen. Sie sollte nicht kochen, da die Gewürze sonst bitter werden. Glühwein durch ein Sieb in eine gut isolierende Thermoskanne füllen. So lässt sich der Glühwein transportieren und bleibt warm.

Heiße Gewürzschokolade

Ergibt circa 1 Liter

4 Kardamomkapseln
2 TL roter Pfeffer
2 Zimtstangen
½ TL Nelken
1 l Milch
200 g Zartbitterschokolade, 72 % Kakaoanteil
1 EL Agavendicksaft oder Kokosblütensirup

Die Kardamomkapseln im Mörser zerdrücken. Die trockenen Gewürze mit der Milch in einen Topf geben und diese vorsichtig erhitzen. 15 Minuten bei schwacher Hitze köcheln lassen. Die Schokolade grob gehackt dazugeben und unter ständigem Rühren warten, bis sie vollständig geschmolzen ist. Mit Agavendicksaft süßen. Die Mischung durch ein Sieb in eine gut isolierende Thermoskanne füllen. So lässt sich die Gewürzschokolade transportieren und bleibt warm.

Chai Latte

Ergibt circa 500 ml Sirup

2 Zimtstangen
1 EL Nelken
2 TL Szechuan-Pfeffer
700 ml Wasser
½ Zitrone, Schale
1 TL Vanillepaste
10 g Ingwer, geschält und in Scheiben
200 g Zucker

3 Teebeutel Schwarztee

Milch, Menge nach Belieben

Die trockenen Gewürze in einem Topf vorsichtig erwärmen, damit sich die Aromen entfalten. Mit Wasser ablöschen und alle restlichen Zutaten dazugeben, außer die Teebeutel. Die Flüssigkeit 30 Minuten leicht köcheln lassen. Sie sollte nicht kochen, da die Gewürze sonst bitter werden.

Die Schwarzteebeutel für 5 Minuten dazugeben und ziehen lassen. Den Sirup durch ein Sieb in eine sterile Glasflasche füllen. Um die Flaschen zu sterilisieren, zuvor 10 Minuten in einem großen Topf auskochen.

Für einen Chai Latte circa 50 ml Sirup in eine Tasse geben und mit erhitzter und geschäumter Milch auffüllen. Heiße Milch lässt sich in einer gut isolierenden Thermoskanne zum Picknick mitnehmen.

Blutorangenpunsch

Ergibt circa 1 Liter

600 ml Blutorangensaft
600 ml Portwein
2 Zimtstangen
1 EL Nelken
1 unbehandelte Zitrone, Schale
Zucker, nach Bedarf

Alle Zutaten in einen Topf geben und 15 Minuten leicht köcheln lassen. Die Flüssigkeit sollte nicht kochen, da die Gewürze sonst bitter werden. Durch ein Sieb geben und heiß in eine gut isolierende Thermoskanne füllen. So lässt sich der Punsch transportieren und bleibt warm.

Cranberry-Ingwer-Sirup

Ergibt 500 ml Sirup

Alle Zutaten in einen Topf geben und 30 Minuten leicht köcheln lassen. Durch ein Sieb in eine sterile Glasflasche füllen. Um die Flaschen zu sterilisieren, zuvor 10 Minuten in einem großen Topf auskochen.

Der Sirup kann mit Schaumwein oder Mineralwasser gemischt werden.

200 g Cranberrys, getrocknet und gezuckert

10 g Ingwer, geschält und in Scheiben geschnitten

100 g Zucker

700 ml Wasser

1 kleine Zitrone, Saft

¼ unbehandelte Zitrone, Schale

Schaumwein oder Mineralwasser

Kreative Ideen

DIY-Picknickdecke

150 × 150 cm

Das wird benötigt

- 150 × 150 Oberstoff aus Baumwolle
- 150 × 150 Wachstuch / beschichtete Baumwolle
- 150 × 150 Volumenvlies / Vlieseinlage
- Nähmaschine
- Nähgarn
- Schere
- Stecknadeln
- Band zum Zusammenrollen und Fixieren

So wird es gemacht

Die Vlieseinlage auf die Rückseite des Oberstoffs aus Baumwolle heften und rundherum annähen. Die Ecken unbedingt rund nähen.

Den Stoff drehen, sodass die Vlieseinlage unten und die Vorderseite des Oberstoffs oben liegt. Das Wachstuch mit der Vorderseite darauflegen, sodass diese auf die Vorderseite des Oberstoffs trifft. Anheften und an drei Seiten rundherum zusammennähen. Die Ecken wieder abgerundet nähen. Die vierte Seite offen lassen zum Wenden.

Nach dem Wenden entweder von Hand oder mit der Nähmaschine verschließen.

DIY-Bestecktaschen

Das wird benötigt

40 × 40 cm Filz (2 mm dick)
Nähmaschine
Nähgarn
Schere
Stecknadeln
Knopf
Nähnadel und Garn

So wird es gemacht

Die Filzquadrate bis zur Hälfte wie ein Kuvert falten und abstecken. Die Taschenfläche abnähen. Einen Schlitz mittig auf die Verschlusslasche setzen (als Knopfloch) und am oberen Taschenrand von Hand einen Knopf annähen, damit die Bestecktasche verschlossen werden kann.

Dank

So viele liebe Menschen haben mich bei diesem Projekt unterstützt. Ihnen möchte ich von ganzem Herzen danken. Renato, ohne dich wäre die Küche im Chaos versunken und ich gleich mit dazu. Deine Ruhe und dein großes Herz waren die Basis für alles, was in diesem Jahr möglich war. Mama, meine Heldin der Küche – stets zur Stelle und voller großartiger Ideen. Das Kochen mit dir war und ist konstantes Lernen. Steffi, dass du extra gekommen und geblieben bist, um mich zu unterstützen, war mein Highlight. Dad, dein moralischer Support war Aufsteller und Motivation, genau dann, wenn ich es gebraucht habe. Gota, ohne dich hätten wir den verwunschenen Ort in Gargellen nicht gefunden und einen legendären Apfelstrudel verpasst. Max, du hast geschleppt, ohne mit der Wimper zu zucken. Vivi, eure Dachterrasse und deine gute Laune – verewigt in diesem Buch. Nina, euer Schrebergarten auf dem Käferberg hoch über der Stadt Zürich ist ein rarer Schatz, von dem wir profitieren durften. Peter und Claire, ohne ein persönliches Treffen haben Sie uns großzügig Ihren Garten am Hallwilersee überlassen. Was für eine Geste! Anita und Jörg, euer ehrliches Interesse und eure Hilfsbereitschaft haben mich berührt. Simone und Philipp, euer Enthusiasmus als geschätzte Testesser war groß. Anna, dein Tipp mit der Birnen-Tarte-Tatin hat mir den Herbst versüßt. Beat, dein initialer Push in die Küche hat den Grundstein gelegt. Und natürlich Veronika, mein Partner in Crime, du hast jedes Set mit so viel Fantasie gestaltet und fotografiert, dass ich noch immer staune.

Ein Dank geht auch an den Landliebe-Verlag, ganz besonders an Andina, die mir dieses Buch anvertraut hat.

Die in diesem Buch enthaltenen Empfehlungen und Angaben sind von den Autorinnen mit größter Sorgfalt zusammengestellt und geprüft worden. Eine Garantie für die Richtigkeit der Angaben kann aber nicht gegeben werden. Autorinnen und Verlag übernehmen keine Haftung für Schäden und Unfälle. Bitte setzen Sie bei der Anwendung der in diesem Buch enthaltenen Empfehlungen Ihr persönliches Urteilsvermögen ein.

Bibliografische Information der Deutschen Nationalbibliothek
Die Deutsche Nationalbibliothek verzeichnet diese Publikation in der Deutschen Nationalbibliografie; detaillierte bibliografische Daten sind im Internet über http://dnb.d-nb.de abrufbar.

Anmerkung zur Schreibweise (Gendering): Gendergerechtigkeit und Inklusion sind bei uns gelebte Praxis – bei der Auswahl unserer Themen, bei der Recherchearbeit, in der Gestaltung. Unsere Texte meinen alle. Damit unsere Inhalte jedoch gut lesbar bleiben, verzichten wir in diesem Werk auf die jeweilige Mehrfachnennung oder Anpassung der Schreibweise bestimmter Bezeichnungen an die weibliche, männliche oder diverse Form.

Wollgrasweg 41, 70599 Stuttgart (Hohenheim)
E-Mail: info@ulmer.de
Internet: www.ulmer.de
Projektleitung und Durchsicht: Jennifer Zajonz
Herstellung: Silke Reuter
Umschlag-Gestaltung: Verlag Eugen Ulmer
Satz: Fotosatz Buck, Kumhausen
Druck und Bindung: FINIDR
Printed in Czech Republic

MIX
Papier aus verantwortungsvollen Quellen
FSC® C014138

ISBN 978-3-8186-2231-2

Originalausgabe:
Genehmigte Lizenzausgabe 2024 für Verlag Eugen Ulmer KG, Stuttgart-Hohenheim

www.landliebe.ch

Herausgeber: Schweizer LandLiebe
Lektorat: Andina Schubiger
Buchgestaltung und Satz: lugma, Zürich
Buchherstellung: Bruno Bächtold
Foodfotografie und -styling: Veronika Studer